W9-AJK-704

¡VAMOS DE FIESTA!
A Harcourt Spanish Reading Program

Regalos y fiestas

AUTORES

Alma Flor Ada • F. Isabel Campoy • Juan S. Solis

CONSULTORA

Angelina Olivares

Orlando Boston Dallas Chicago San Diego

Visita *The Learning Site*

www.harcourtschool.com

Acknowledgments appear in the back of this work.

Printed in the United States of America

ISBN 0-15-313296-5

2 3 4 5 6 7 8 9 10 048 2001 2000

Querido lector:

¿Te gustaría encontrar cosas novedosas, algo como un buen amigo, un juguete nuevo o una idea interesante?

En **Regalos y fiestas**, encontrarás eso y más. Primero descubrirás la historia de una niña que acaba de llegar a una escuela y ayuda a un compañero a tener amigos. Después leerás acerca de una anciana que tiene sueños hermosos y gracias a ello se vuelve una persona más alegre. También aprenderás por qué hay día y noche.

¡De seguro encontrarás algo nuevo en cada lectura! Esperamos que las disfrutes.

Atentamente,

Los Autores

TEMA
Así soy

CONTENIDO

El gran invento del profesor Plix
Ilustraciones de Carlos Palleiro
Un día con Rana y Sapo
Un gran rugido
by debra hess
El camaleón confundido
El gato palomero
Texto de David Jorajuria
Ilustraciones de Irina Botcharova

TEMA

De la mano

CONTENIDO

La receta de Erizo
¡Qué sorpresa de cumpleaños!
Texto de Loretta López
Ilustraciones del Taller del Elfo
El día que fue de noche
Ayudar es ser
Words and photographs by George Ancona

CONTENIDO

Yaci y su muñeca
Cuento popular de Brasil
La cama de los sueños
La esfera que gira y fira
by Arthur Dorros
Turquesita
Texto de Silvia Dubovoy
Ilustraciones de Yadhira Corichi y Julieta Gutiérrez
Cuando el viento se detiene
by Charlotte Zolotow
illustrated by Stefano Vitale

Estrategias de lectura

Una estrategia es un plan que te ayuda a hacer algo bien.

Durante la lectura, puedes usar estrategias para comprender mejor el cuento. Primero **observa el título y las ilustraciones.** Luego, **piensa en lo que quieres saber.** Si aplicas estas estrategias, podrás llegar a ser un mejor lector.

Consulta la lista de estrategias de la página 9. Aprenderás a usarlas cuando leas los cuentos de este libro. Consulta la tabla en cada lectura para recordar las **estrategias adecuadas.**

Estrategias de los buenos lectores

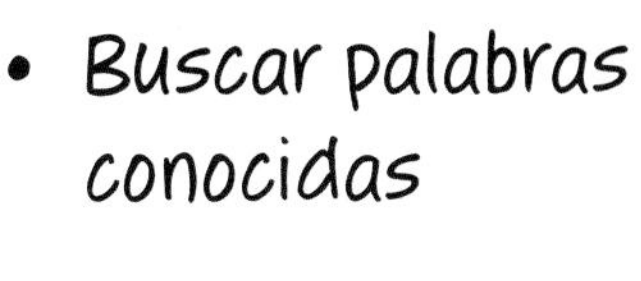

- Buscar palabras conocidas
- Identificar partes de palabras
- Autocorregirse
- Hojear el cuento
- Releer en voz alta
- Usar claves visuales para confirmar el significado
- Hacer predicciones y confirmarlas
- Observar la secuencia de sucesos/Hacer un resumen
- Crear imágenes mentales
- Analizar el contexto para confirmar el significado
- Releer
- Hacer inferencias

Para asegurarte de que has comprendido la lectura, ten en cuenta los siguientes consejos:

✔ Copia la lista de estrategias en una tarjeta.

✔ Usa la tarjeta como separador en tu lectura.

✔ Al terminar la lectura, habla con un compañero acerca de las estrategias que usaste.

TEMA

Así soy

CONTENIDO

Los favoritos de los lectores

El muro

de Ángel Esteban

Fantasía

¿Qué había detrás de ese enorme muro? Nadie en la aldea lo sabía. Sólo él se propuso averiguarlo.

El pez arco iris

de Marcus Pfister

Fantasía

El pez arco iris es el más hermoso del océano, pero está solo y triste. ¿Qué hará para ser feliz otra vez?

Hermanas

de David McPhail

Cuento

Estas dos hermanas no tienen siempre los mismos gustos y aficiones, pero siempre hay algo muy especial que las une.

Los zapatos de Munia

de Asun Balzola

Ficción realista

A Munia se le encogieron sus zapatos y sólo el zapatero puede decirle lo que sucede.

Stelaluna

de Janell Cannon

Fantasía

Stelaluna, un bebé murciélago, cree que es un pájaro. Come insectos, está despierta durante el día y duerme colgada de sus brazos…

COLECCIÓN DE LECTURAS FAVORITAS

El gato palomero

Texto de David Jorajuria

Ilustraciones de Irina Botcharova

Cierto mediodía, un gato enorme y anaranjado trepaba con dificultad por la pared de la torre de la iglesia.

Pasaron muchos minutos hasta que por fin el gato puso una de sus garras en la cornisa del campanario. Feliz y fatigado, el gato trepó su pesado cuerpo, y una de las palomas que dormitaba sobre la campana dio la voz de alerta:

—¡Un gato! ¡Un gato!

Las palomas, entre sorprendidas y horrorizadas, salieron volando.

Pla, pla, pla, pla,pla.

—Oigan, regresen, regresen. No es cierto que sea un gato; soy una paloma.

Las palomas rieron a carcajadas.

—¿Cómo vas a ser una paloma? —dijo una de ellas.

—Claro que sí, soy una paloma igual que ustedes —repuso el gato.

Las palomas volvieron a reír, mientras el gato se quedaba serio y ofendido.

—¿Has visto? —cuchicheaban las aves entre sí—, ese gato está loco de remate.

—¿Cómo vas a ser como nosotras? Mírate, no tienes alas, ni pico ni plumas.

El gato se miró las garras y el cuerpo, dudó un momento y dijo:

—Está bien, soy una paloma un poco rara, pero soy una paloma.

A las palomas les dolía la panza de tanto reír. Bajaron volando a la plaza y contaron lo sucedido a las demás palomas que incrédulas se volvían hacia el campanario. Miraban sorprendidas al gato que asomaba la cabeza molesto por las burlas e impresionado por la altura.

Al caer la tarde, las palomas comenzaron a rondar por el campanario: querían dormirse, pero el gato seguía echado ahí.

—Oye gato, vete, ya déjanos dormir.

—No soy gato, soy paloma y voy a dormir aquí junto a ustedes.

Cada vez que el gato decía ser paloma, ellas reían a carcajadas, así que lo hicieron repetir eso una y otra vez, hasta que llegó la noche y comenzaron a preocuparse.

—Vamos a consultar a la Paloma Sabia —sugirió una.

—Sí, sí, sí —estuvieron de acuerdo las demás y fueron por la Paloma Sabia que dormía bajo las gárgolas de un edificio cercano.

Cuando llegó la Paloma Sabia, se paró intrépida en la cornisa, cerca del gato, a una distancia temeraria, a juzgar por las demás.

—Oye gato, quítate de ahí que nos queremos dormir.

—Ya les dije que soy paloma.

La Paloma Sabia permaneció silenciosa y pensativa.

—Mira gato, si es cierto que eres una de nosotras, no tendrás inconveniente en pasar una prueba que cualquiera pasaría, ¿verdad?

—Claro que no tengo inconveniente.

—Muy bien —dijo irónica—. Si eres una paloma, podrás venir volando con nosotras hasta el otro campanario, ¿no es cierto?

—Claro que sí —respondió el gato, mientras saltaba a la cornisa junto a ella.

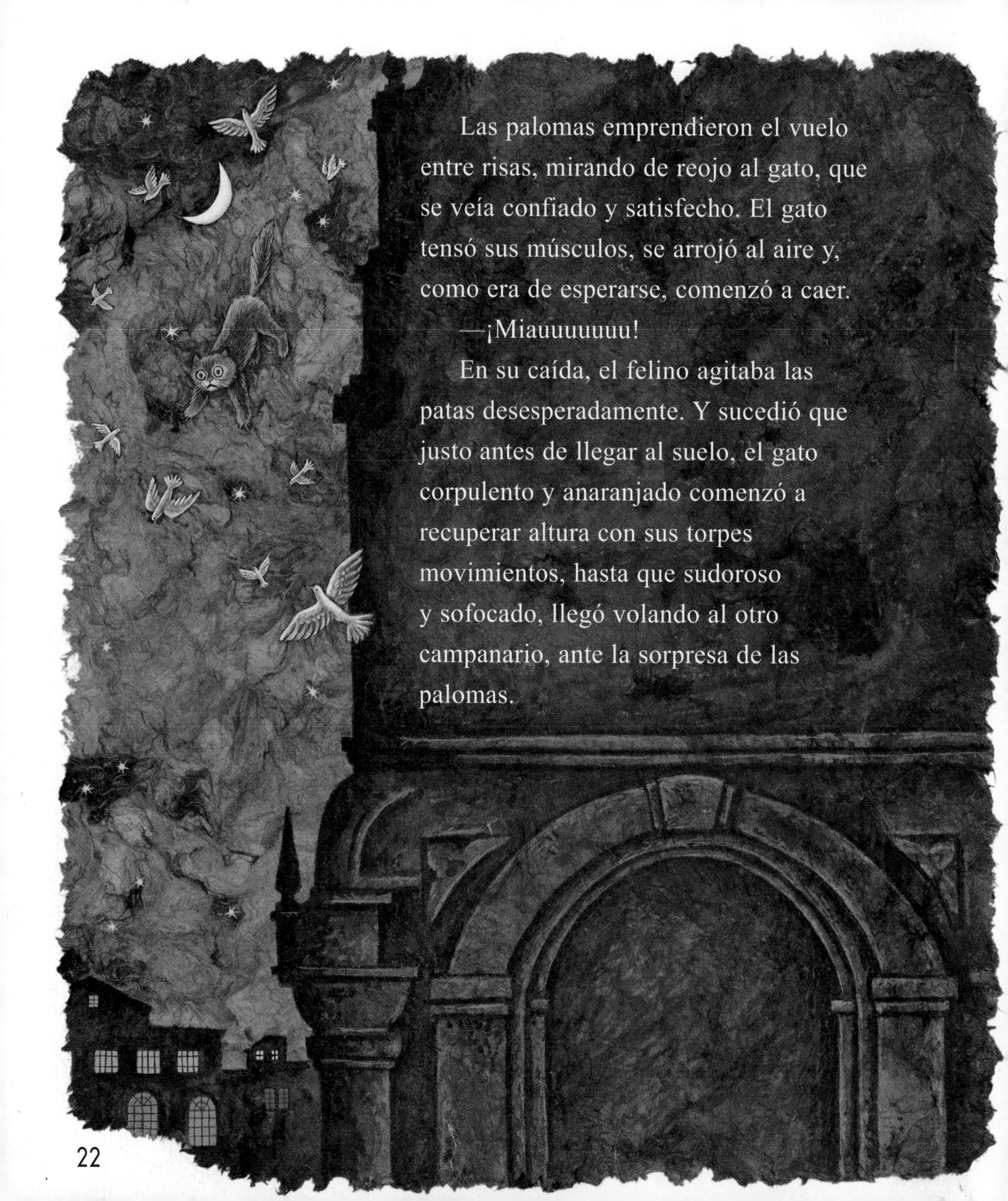

Las palomas emprendieron el vuelo entre risas, mirando de reojo al gato, que se veía confiado y satisfecho. El gato tensó sus músculos, se arrojó al aire y, como era de esperarse, comenzó a caer.

—¡Miauuuuuuu!

En su caída, el felino agitaba las patas desesperadamente. Y sucedió que justo antes de llegar al suelo, el gato corpulento y anaranjado comenzó a recuperar altura con sus torpes movimientos, hasta que sudoroso y sofocado, llegó volando al otro campanario, ante la sorpresa de las palomas.

—¡Increíble!

—¡Lo veo y no lo creo!

—¿Cómo es posible?

La sorpresa fue unánime, sobre todo cuando la Paloma Sabia le informó al gato que podía quedarse a dormir ahí.

Aunque al principio ninguna paloma quería dormirse por el miedo de tener ahí a un gato, poco a poco el cansancio las venció.

Y desde entonces, cada vez que una niña o un niño arroja semillas de trigo en la plaza, bajan raudas las palomas. Tras ellas, llega volando torpemente el gato palomero: come los triguitos que las otras desperdiciaron

y retoma el vuelo hacia el techo del kiosco,
hacia las cornisas del palacio de gobierno
o a lo alto del campanario.

Piénsalo

1. ¿Qué prueba tenía que pasar el gato palomero?
2. Cuando el gato se lanzó desde el campanario, ¿qué creíste que iba a pasar? ¿Por qué?
3. Si una paloma quisiera vivir entre gatos, ¿qué prueba le pondría el Gato Sabio?

Conoce al autor

David Jorajuria

Cuando era pequeño había cuatro cosas que me caracterizaban: era un niño con mucha imaginación, quería ser un futbolista famoso, odiaba comer croquetas de papa, y pensaba que no había que perder la esperanza. Ahora que ya soy un adulto aún tengo mucha imaginación (hasta me publican mis historias); no he perdido la esperanza; todavía odio comer croquetas de papa, y aunque no fui un futbolista famoso, de vez en vez me sorprendo soñando con participar en un juego memorable de campeonato del mundo.

Conoce a la ilustradora

Irina Botcharova

Nací en Rusia y cuando era niña me enfermaba mucho en invierno; no podía asistir a la escuela, y tenía que estar acostada todo el día. Eso no me molestó porque podía leer mis libros preferidos, y desde entonces aprendí a estar sola y a disfrutar sin prisa los textos y las ilustraciones.

Me gustó mucho la idea principal de "El gato palomero" porque muestra que por más absurdo, ingenuo o increíble que sea un sueño, puede cumplirse si uno está decidido a realizarlo.

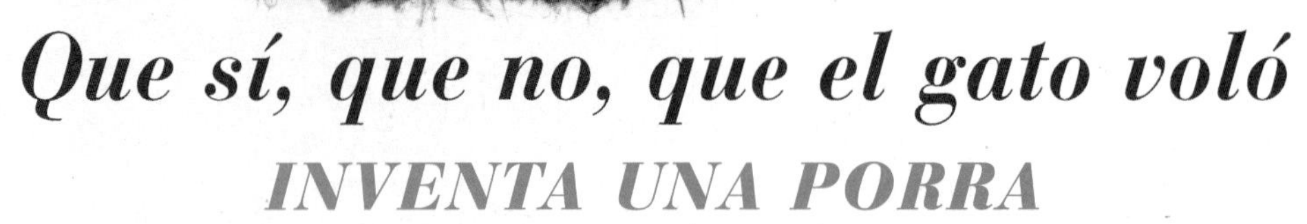

Cuando alguien se encuentra en dificultades, los amigos siempre lo apoyan para que las supere. En el cuento parecía que el gato se iba a estrellar contra el piso, pero de pronto comenzó a ganar altura y, aunque parezca increíble, logró volar.

Júntate con algunos compañeros e inventen una porra para apoyar al gato. Una porra es un conjunto de frases que se dicen con fuerza y ritmo para animar a alguien. Por ejemplo:

Campana, cornisa y fuente,
campana, cornisa y fuente,
¡mi gato aletea muy fuerte!

Que no te den gato por paloma

HAZ UN DIBUJO

El gato palomero estaba convencido de que era una paloma, sin embargo, las palomas no pensaban lo mismo. ¿Cómo se vería un gato con alas de paloma? Imagínatelo y dibújalo.

Después escribe las ventajas y desventajas de que los gatos fueran así.

Reúnete con dos compañeros y contesten las siguientes preguntas:

- ¿Tomaría leche o comería maíz?
- ¿Tendría pico o bigotes?
- ¿Se lamería o se bañaría en una fuente?
- ¿Qué sonido haría?

PRUEBA TU DESTREZA

Elementos literarios

Todas las historias ocurren en algún lugar: un parque o una habitación. También suceden en cierto momento: en otoño, en una tarde o en una semana. ¿Cuándo y dónde ocurren las acciones en "El gato palomero"? El tiempo y el lugar del cuento son el **escenario** de la historia. Las ilustraciones y el texto te ayudan a identificar este escenario.

La historia del gato palomero sucede en un día —comienza al mediodía y termina en la noche— y el lugar donde ocurre es en el campanario. El siguiente diagrama te da pistas para identificarlo.

Escenario

Cuándo	Dónde
mediodía	torre de la iglesia
	campanario
tarde	plaza
noche	edificio cercano

Busca estos elementos en el cuento de "El gato palomero". Si identificas el escenario, será más fácil comprender la historia.

Al leer, trata de identificar cuándo y dónde sucede la historia. Fíjate en las ilustraciones del cuento y en las palabras que se refieran al escenario.

¿QUÉ HAS APRENDIDO?

1. **Supón que lees un cuento sobre un campesino que utiliza un caballo y un arado para remover la nieve. ¿Cuál sería el escenario de la historia?**
2. **Si escribieras una historia acerca de una carrera de autos, ¿qué pistas les darías a los lectores para que identificaran el escenario?**

INTÉNTALO • INTÉNTALO

Imagina un cuento que ocurra en tu salón de clases. Piensa en los elementos que forman el escenario de tu historia. Haz un esquema como el de la página anterior, que incluya las pistas sobre el escenario.

El gran invento

Texto de
Alberto Servian

Ilustraciones de
Carlos Palleiro

del profesor Plix

Otros inventores diseñan coches y lavadoras; el profesor Plix, el más grande y famoso inventor del mundo, cumple sueños. Los niños de todas partes lo buscan, le dicen lo que quieren, y el sabio construye para ellos cualquier aparato o juguete que deseen: caballos de madera que galopan, catalejos y calidoscopios, patines, máquinas para hacer helados...

Pero, hasta ahora, su invento más grande es uno muy diferente. He aquí la historia de ese invento.

Cierto día fue a verlo un niño llamado Fabio. El profesor lo recibió de muy buen humor y de inmediato pensó en veinte o treinta mecanismos para regalarle. Se los ofreció todos: un juego de mesa con fichas que brillaban, un monito bailarín de cuerda...

—¡Cualquier cosa para que sonrías —le aseguró— y estés muy contento! Nada es demasiado difícil para que yo lo invente. Tú pide —y siguió proponiendo cosas, cada una más extraña y compleja que la anterior.

Pero cuando por fin le preguntó: —¿Como qué te gustaría, eh? Dime, dime.

Fabio sólo dijo: —Este..., de lo que me ha dicho..., nada.

Y el profesor Plix se quedó con la boca abierta.

—¿Qué?

—Es que no es para tanto —explicó el niño—. Todo lo que quiero es que me haga una pajarita de papel. No las sé hacer.

—¿Y para qué quieres una... una pajarita de papel? —preguntó el profesor Plix. ¡Era la primera vez que alguien le pedía una cosa tan sencilla!

—Quiero una pajarita para dársela a mi papá —contestó Fabio—, que no tiene tiempo de hacer pajaritas.

Y le contó que su papá siempre había tenido tiempo para jugar con él, ayudarle a hacer la tarea, verlo acostarse y dormirse. Pero últimamente se le veía triste porque a veces tenía que quedarse a trabajar hasta tarde y no tenía tiempo de estar con él.

—Yo entiendo que no es culpa de mi papá, y quisiera alegrarlo un poco. Pero todas las pajaritas que hago me salen mal —explicó Fabio—. Yo quisiera que volaran y cantaran y todo, pero ni siquiera parecen pajaritas. Y se ve que mi papá está cada vez más triste...

Al escuchar esto, el profesor Plix pensó: "Podría hacerle una pajarita de papel en un minuto, y sería suficiente. Será una señal de que Fabio quiere a su papá..."

Al fin, el profesor murmuró suavemente: —Está bien.

A la noche siguiente, el papá de Fabio regresó un poco tarde de su trabajo. Pensó que Fabio ya estaría dormido y no quiso despertarlo; al otro día lo vería.

De pronto, sintió que algo tocaba su cabeza y alzó la vista. ¡Era una pajarita de papel!

—¿Qué es esto? —dijo el papá y la espantó con una mano. La pajarita, colgada de un hilo, se balanceó y se alejó. Pero volvió después de unos instantes y comenzó a cantar, muy bajito, una canción...

Sin poder creerlo, el papá de Fabio pensó: "¿Una pajarita de papel que canta...?"

En ese momento vio que en el cuarto había muchas otras pajaritas, todas cantando.

El papá de Fabio apenas pudo entrever los hilos de los que colgaban y el aparato que les permitía volar y cantar la canción favorita de su hijo. Entonces apareció Fabio, ya vestido con su pijama pero bien despierto.

—Hola, papá —dijo y, tímidamente, señaló las pajaritas, que parecían volar—. Son... son un regalo. Para que estés contento.

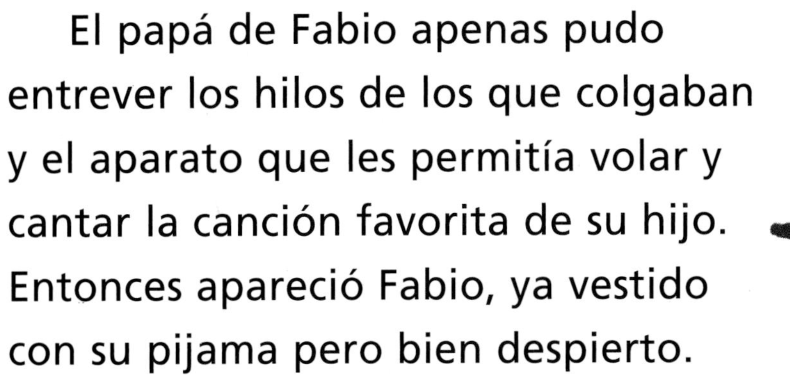

Su papá lo abrazó muy fuerte y se sintió feliz.

Afuera de la casa,
por la ventana, el profesor
Plix los vio, y oyó la canción
de las pajaritas, y las risas de
Fabio y su papá.

Y él también se sintió muy feliz.

"¡Vaya!", pensó, "creo que éste ha sido el más grande de todos mis inventos".

Piénsalo

1. ¿Por qué aceptó el profesor Plix hacer la pajarita?
2. ¿Qué le quiso mostrar Fabio a su papá al regalarle la pajarita de papel? Explica tu respuesta.
3. ¿Por qué crees que la pajarita de papel fue el más grande invento del profesor Plix?

¡Ármalo en grande!

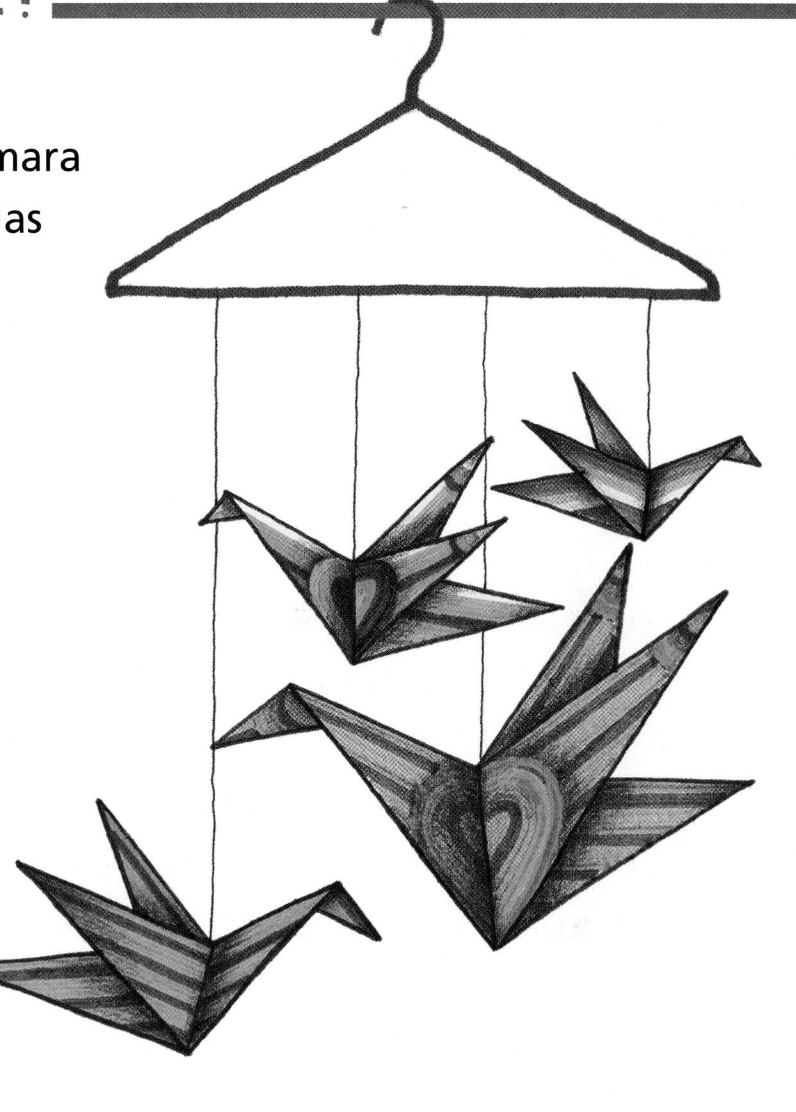

HAZ UN MÓVIL

¿Te gustaría tener en tu recámara muchas pajaritas parecidas a las de Fabio? Es muy sencillo.

Necesitas:

- Un gancho de ropa.
- Hilo.
- Cartulina.
- Revistas viejas.
- Pegamento.
- Tijeras.

CÓMO SE HACE UN MÓVIL:

1. Busca en las revistas cuatro fotografías de pájaros.
2. Recórtalas.
3. Corta dos hilos de 4 pulgadas y dos de 8 pulgadas.
4. Pega cada pájaro en la cartulina, dejando un hilo atravesado entre el recorte y la cartulina.

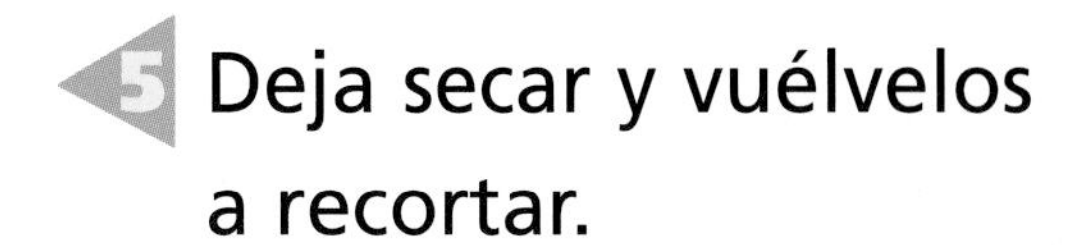

5. Deja secar y vuélvelos a recortar.
6. Amarra el otro extremo de cada hilo al gancho.

¡Listo! Ahora puedes colgar el móvil en tu recámara.

Rana

y Sapo
Libro notable ALA
Texto e ilustraciones
de Arnold Lobel

Solo

Sapo fue a la casa de Rana

y en la puerta encontró

una nota que decía:

"Querido Sapo, no estoy en casa.

Salí. Quiero estar solo."

—¿Solo?, dijo Sapo.

—Soy amigo de Rana.

—¿Por qué quiere estar solo?

Querido Sapo,
no estoy en
casa.
Salí. Quiero
estar solo.
Rana

Sapo miró por las ventanas.
Vio el jardín
y no encontró a Rana.

Sapo fue al bosque y Rana
no estaba allí.
Fue a la pradera
y tampoco estaba allí.

Sapo bajó al río

y allí estaba Rana.

Estaba solo,

sentado en un islote.

—Pobre Rana–dijo Sapo–,

debe estar muy triste.

Voy a animarlo.

Sapo corrió a casa

y preparó sándwiches

y una jarra de té helado.

Puso todo en un canasto

y se apresuró a regresar al río.

—Rana —gritó—, soy yo. ¡Soy Sapo, tu mejor amigo!

Rana estaba demasiado lejos para escucharlo. Sapo se quitó su chaqueta y la ondeó como bandera, pero Rana estaba demasiado lejos para verlo. Sapo gritó y agitó los brazos de un lado a otro, pero tampoco sirvió de nada. Rana estaba sentado en el islote. No vio ni escuchó a Sapo.

Una tortuga nadaba por ahí y

Sapo se montó sobre su caparazón.

—Tortuga —dijo Sapo—,

llévame al islote.

Rana está allí.

Quiere estar solo.

—Si Rana quiere estar solo, ¿por qué no lo dejas que esté solo? —dijo la tortuga.

—Tal vez tengas razón —dijo Sapo—. Quizá Rana no quiere verme. Quizá ya no quiere ser mi amigo.

—Sí, tal vez —dijo la tortuga y nadó hasta el islote.

—¡Rana! —gritó Sapo—,

perdón por todas las tonterías

que hago, perdón por todas las cosas

tontas que digo. ¡Por favor sé mi

amigo otra vez!

Sapo se bajó de la tortuga y,

al caer al río, salpicó un poco.

Rana ayudó a Sapo a subir al islote
y miró el contenido del canasto.
Los sándwiches estaban mojados
y la jarra del té estaba vacía.

—Se arruinó nuestra comida
—dijo Sapo—. La hice para ti, Rana,
para que estuvieras contento.

—Estoy contento, Sapo.

Estoy muy contento.

Esta mañana,

al despertar,

me pude sentir bien

porque el sol brillaba.

Me sentí bien siendo rana,

y me sentí bien porque eres mi amigo.

Quería estar solo,

quería pensar en lo bonito que es todo.

—¡Oh! —dijo Sapo—,

supongo que ésa es

una buena razón

para querer estar solo.

—Ahora —dijo Rana—

estaré muy contento

de no estar solo.

Disfrutemos la comida.

Rana y Sapo

se quedaron en el islote

toda la tarde. Comieron

sándwiches mojados sin té

helado. Eran dos grandes

amigos que se habían sentado

a comer solos.

Piénsalo

1. ¿Por qué Rana se fue a sentar solo en un islote?
2. ¿A veces te gusta estar solo? ¿En qué te gusta pensar cuando estás solo?
3. ¿Por qué Sapo intentaba animar a Rana?

Conoce al autor e ilustrador
Arnold Lobel

En el verano, los hijos de Arnold Lobel acostumbran atrapar ranas y sapos. Los sapos son buenas mascotas. Los niños Lobel los ponen en peceras, los alimentan y los bañan con leche. Como a Arnold Lobel le interesan tanto estos animales, escribió muchas historias acerca de Rana y Sapo.

Visita *The Learning Site*
www.harcourtschool.com/reading/spanish

A veces

A veces me gusta la soledad
y mirar el cielo;
me gusta imaginar
y estar solo conmigo.

Texto de Mary Ann Hoberman
Ilustraciones de Steve Johnson

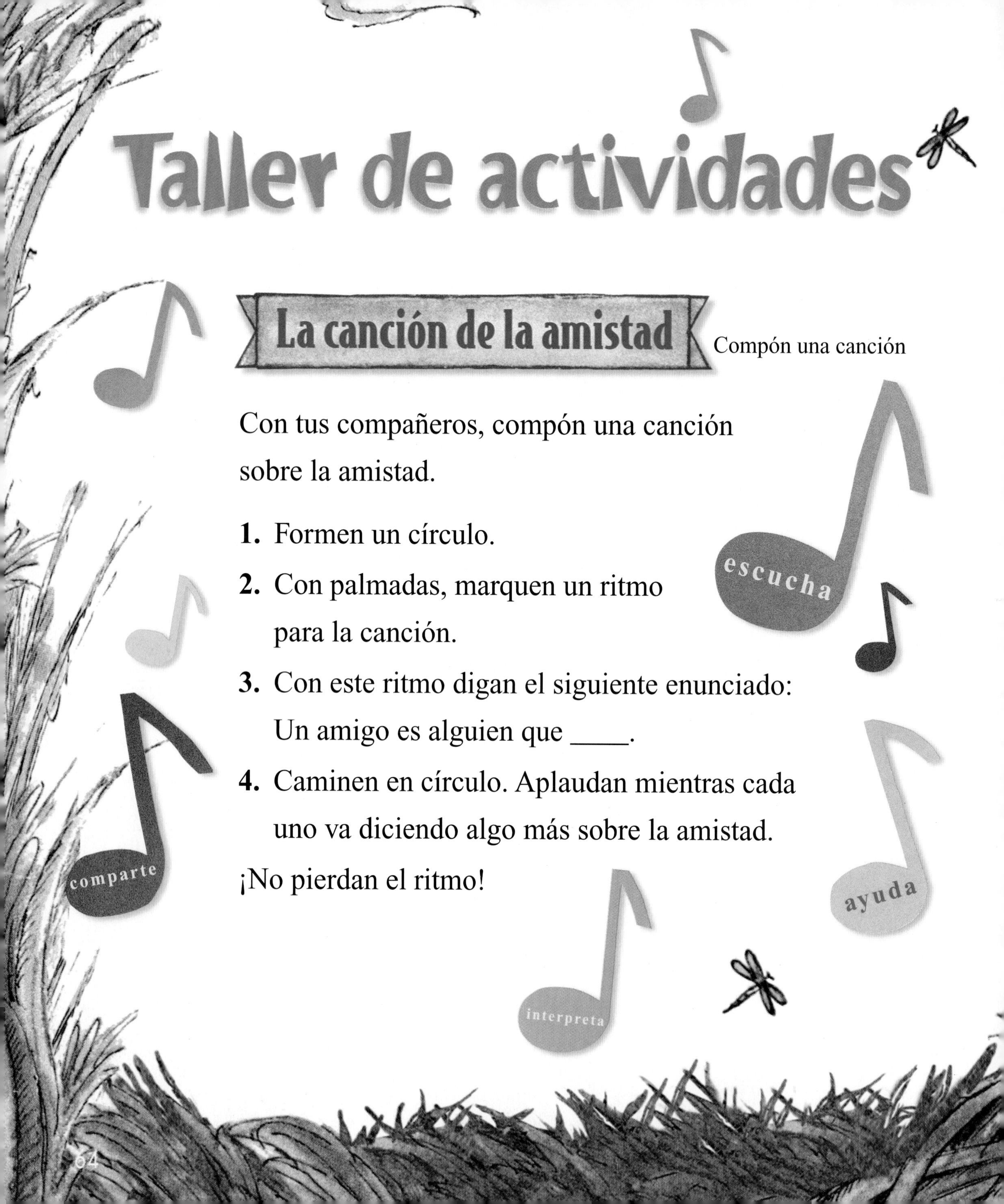

Taller de actividades

La canción de la amistad

Compón una canción

Con tus compañeros, compón una canción sobre la amistad.

1. Formen un círculo.
2. Con palmadas, marquen un ritmo para la canción.
3. Con este ritmo digan el siguiente enunciado: Un amigo es alguien que ____.
4. Caminen en círculo. Aplaudan mientras cada uno va diciendo algo más sobre la amistad.

¡No pierdan el ritmo!

¡Vamos a reunirnos! Haz una tarjeta

Tanto a Rana como a Sapo les gusta estar juntos. Piensa en una persona o en alguna mascota con quien te guste pasar el tiempo. Haz una tarjeta para esta persona o para la mascota.

1. Dobla una hoja a la mitad.
2. En la mitad de enfrente dibuja la portada de la tarjeta.
3. Abre la tarjeta y escribe un mensaje para tu amigo. Fírmala.

Un gran

rugido

Texto de Debra Hess
Ilustraciones de Diane Greenseid

Los lunes, en el salón de la maestra Caraway,
los niños juntaban sus mesas y se sentaban
en equipos de seis o siete.

Wilson se sentaba solo.

A la hora de la comida, cuando los amigos comían juntos en la cafetería,

Wilson comía solo.

En el descanso, cuando todos se arremolinaban para jugar a la pelota, a los vaqueros, a los dinosaurios o a los monstruos,

Wilson jugaba solo.

Y al final del día, cuando todos los niños se juntaban para tomar el autobús escolar o se reunían para irse a casa en coche o a pie...

Wilson se iba caminando solo.

En los días en que tocaba lectura, mientras todos formaban equipos,

Wilson leía solo.

Cuando nevaba, mientras Ben, Sam, Lucy y Meg se ayudaban a ponerse los trajes térmicos,

Wilson se vestía solo.

Cuando los niños hacían muñecos de nieve y se lanzaban bolas, y gritaban y reían, Wilson no reía...

porque estaba solo.

Un día llegó una niña nueva a la escuela. Se llamaba Sara y sonreía todo el tiempo.

Ella se sentó sola, comió sola, leyó sola y jugó sola. Pero eso solamente fue por un día.

En su segundo día de clases, Sara empujó su mesa junto a un grupo de mesas, comió con otros niños, jugó a los monstruos en la nieve y se rió.

Y Wilson la observó desde donde estaba sentado, solo. La observó todo ese día y también el día siguiente.

Sara vio que la observaba, corrió por la nieve,

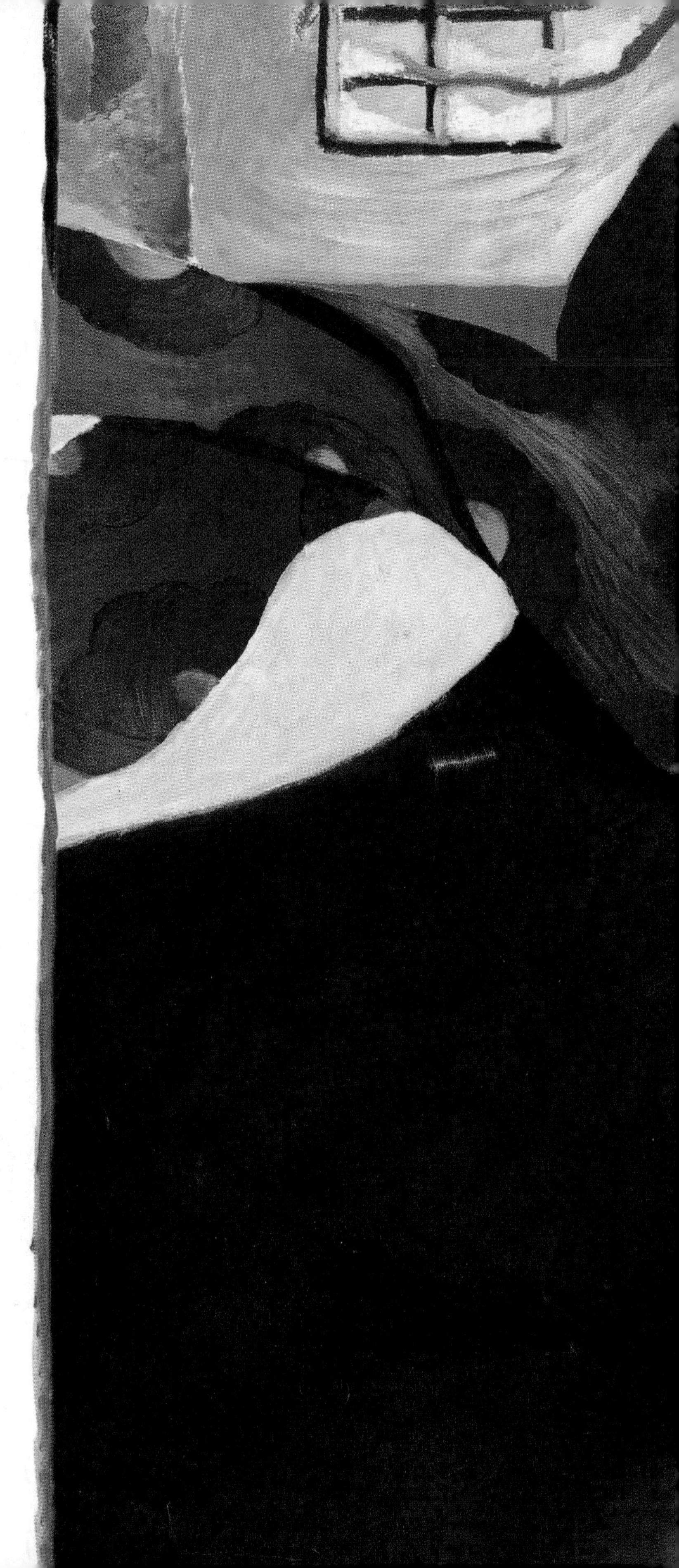

y con un rugido de monstruo asustó
a Wilson, que estaba sentado solo.

—¡No hagas eso! —le dijo Lucy.

—No le hagas eso a Wilson —exclamó Sam.

—¿Por qué no? —preguntó Sara.

—Él siempre se sienta solo —respondió Sam.

—Él siempre juega solo —dijo Meg.

—A él le gusta estar solo —añadió Ben.

Y entonces ocurrió algo sorprendente.

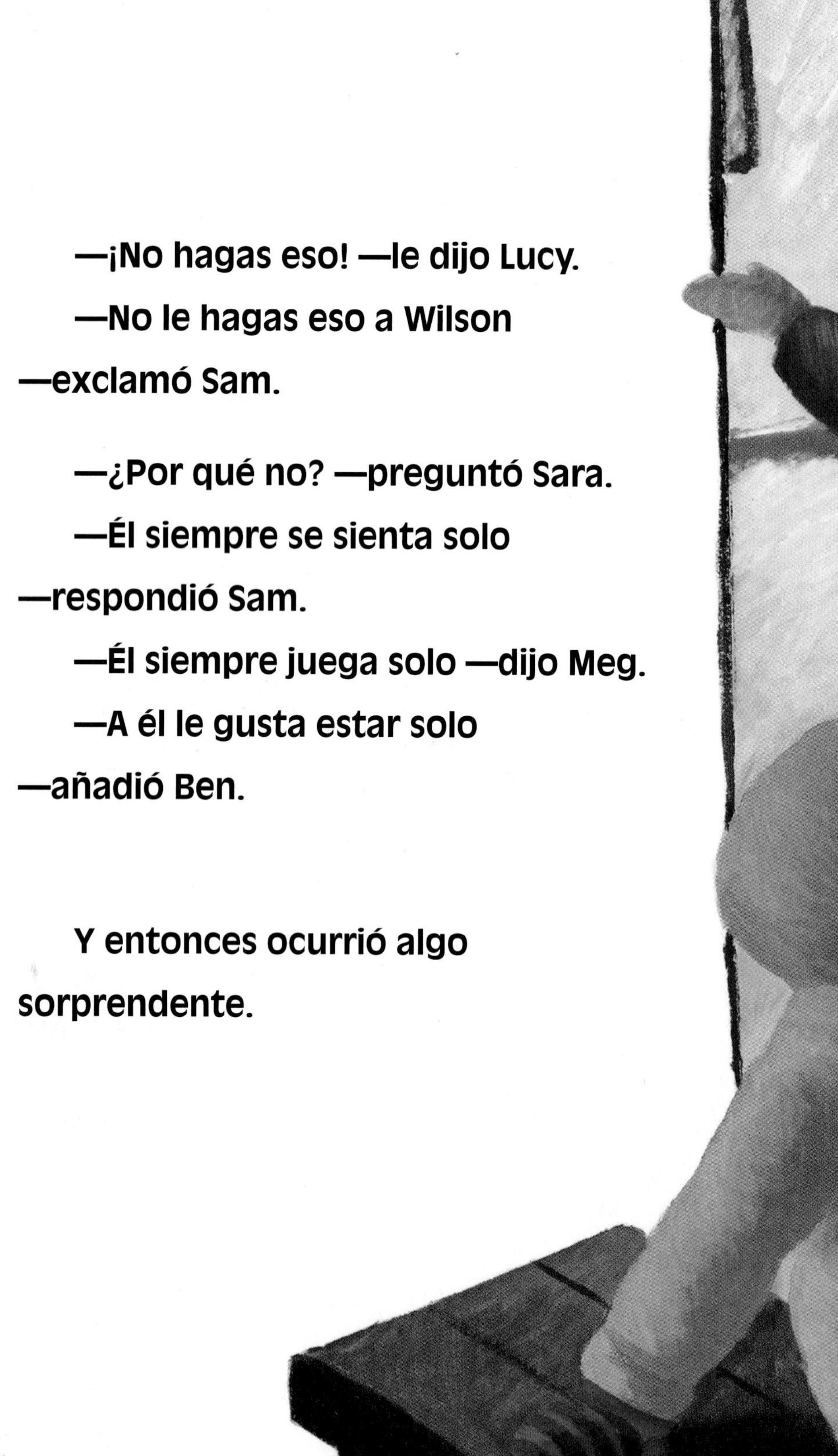

Wilson respondió rugiendo.

Primero bajito, y luego más y más y más fuerte...

Fue el rugido más grande, más fuerte y más monstruoso de todos los tiempos.

Y desde ese día, Wilson jugó con los demás niños, comió con ellos, se sentó con ellos, leyó con ellos y se fue caminando con ellos.

Y Wilson ya no estuvo solo nunca más.

Piénsalo

1. ¿Cómo era Wilson al principio del cuento y cómo cambió al final?
2. ¿Te gustaría tener una amiga como Sara? ¿Por qué?
3. ¿Por qué respondió Wilson al rugido de Sara?

Conoce a la autora y a la ilustradora

Debra Hess

Debra Hess afirma que cuando era niña casi nunca se sentaba sola. Hablaba con todo el mundo, tal como lo hacía Sara.

Debra Hess vive en Nueva York con su esposo. Es autora de muchos libros y obras de teatro para niños.

Diane Greenseid

Diane Greenseid ha ilustrado muchas revistas y periódicos. Ésta es la primera vez que ilustra un libro para niños. Es conocida por su modo de utilizar los colores en sus pinturas.

Diane Greenseid vive en California.

Visita *The Learning Site*
www.harcourtschool.com/reading/spanish

Taller de actividades

Una sonrisa para llevar

Sigue una receta

¡Haz una sonrisa que puedas comerte! Cuando Sara llegó a la escuela, sonreía todo el tiempo. Dales a tus compañeros un regalo que también los haga reír.

Necesitas:

- una manzana roja partida en ocho rebanadas
- crema de cacahuate
- un cuchillo de plástico
- malvaviscos
- servilletas

1. Unta la crema de cacahuate en un lado de una rebanada de manzana.
2. Coloca algunos malvaviscos sobre la crema de cacahuate.
3. Cúbrela con otra rebanada.
4. Comparte tu sonrisa con tus compañeros. Diles cómo la hiciste.

¡Sorpresa!

Escribe un cuento con la clase

Al final del cuento, Wilson y Sara disfrutan las actividades que hacen juntos. ¿Qué sorpresas se pueden dar el uno al otro?

1. Trabaja con un compañero. Uno representará el papel de Sara y el otro el de Wilson.
2. Piensa en algo que sorprenda a tu compañero. Haz una descripción y un dibujo.
3. Dale pistas para que adivine cuál es la sorpresa.
4. Muéstrale la sorpresa.

PRUEBA TU DESTREZA

Sentimientos y acciones del personaje

Igual que las personas en la vida real, los personajes de los cuentos tienen sentimientos. Lo que un personaje dice y hace te permite conocer sus sentimientos. Imagina cómo te sentirías si tú fueras un personaje del cuento.

Al principio de "Un gran rugido" puedes observar que Wilson no buscaba la compañía de nadie. Wilson no platicaba ni jugaba con los demás niños. También puedes ver que Wilson no sonreía. ¿Cómo crees que se sentía?

Las oraciones del diagrama muestran lo que hizo Wilson al principio y al final del cuento. Estas claves te ayudarán a conocer los sentimientos de Wilson.

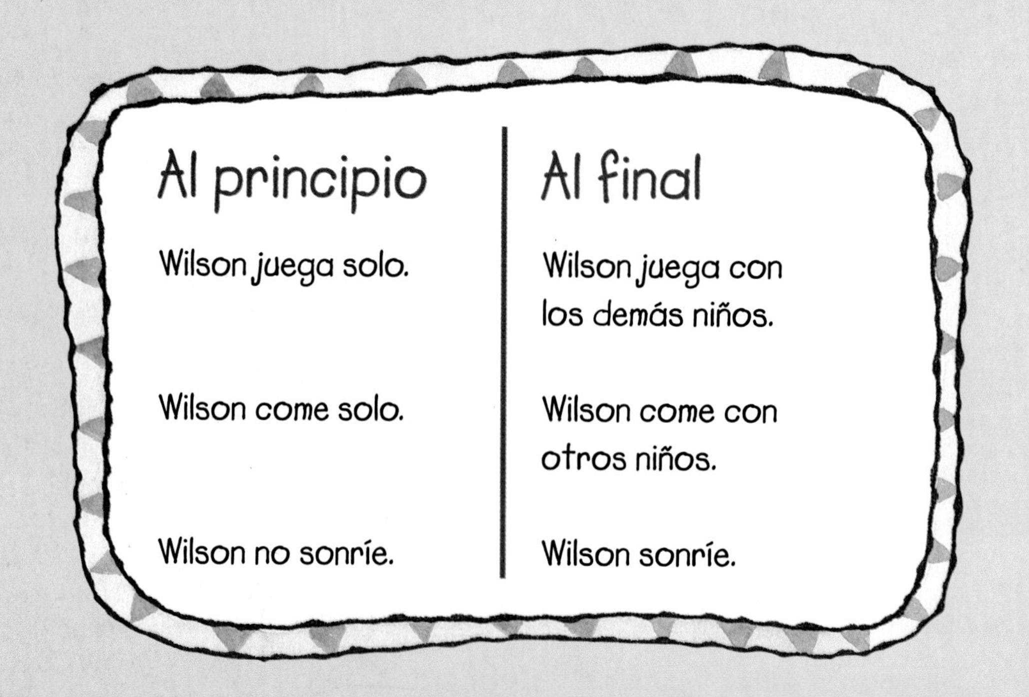

Al principio	Al final
Wilson juega solo.	Wilson juega con los demás niños.
Wilson come solo.	Wilson come con otros niños.
Wilson no sonríe.	Wilson sonríe.

Si lees el principio de la historia te darás cuenta de que Wilson se sentía solo y triste. ¿Cómo se siente Wilson al final? Wilson juega con los demás niños, come con ellos y sonríe. Parece que ahora se siente feliz.

Durante la lectura, piensa en lo que dicen y hacen los personajes, y observa su aspecto. Pregúntate: "¿Cómo me sentiría si yo fuera el personaje?" Esto te ayudará a saber cuáles son los sentimientos de cada personaje.

¿QUÉ HAS APRENDIDO?

Vuelve a leer las páginas 69 y 84 de "Un gran rugido". Observa la ilustración.

1. **¿Qué hace Wilson? ¿Cuál es su aspecto?**
2. **¿Cómo crees que se siente Wilson en esta parte del cuento?**

INTÉNTALO • INTÉNTALO

Vuelve a leer un cuento que te haya gustado y escoge un personaje. ¿Cómo crees que se siente? ¿Cómo puedes saberlo? Escribe en una hoja lo que hace y lo que dice, y describe su aspecto. Intercambia tu trabajo con un compañero. Pídele que lea lo que escribiste y que después redacte un enunciado en el cual explique cómo cree que se siente el personaje.

El camaleón confundido

Texto e ilustraciones de Eric Carle

En una brillante hoja verde estaba sentado un camaleoncito verde. Al saltar a un árbol café, el camaleón empezó a volverse café. Después se posó en una flor roja y enrojeció. Mientras atravesaba lentamente la arena amarilla, se puso amarillento y apenas se podía distinguir.

Cuando estaba calientito y había comido, el camaleón se ponía de un verde resplandeciente.

Pero cuando tenía frío y estaba hambriento, se volvía gris y descolorido.

Cuando tenía hambre, el camaleón
se quedaba quieto y esperaba.
Sólo se movían sus ojos —arriba, abajo,
a los lados— hasta que veía una mosca.
Entonces el camaleón disparaba su larga
y pegajosa lengua para atraparla.

Y así se pasaba la vida;
una vida que por cierto no era
muy emocionante. Hasta que un día...

¡el camaleón vio un zoológico!

Jamás había visto tantos animales tan hermosos.

Zoológico

Entonces el camaleón pensó:
"¡Qué pequeño soy, qué lento, qué débil!
Quisiera ser tan blanco y tan grande como el oso polar."
Y su deseo se volvió realidad.
¿Pero acaso se sintió
feliz? ¡No!

¡Quisiera ser tan hermoso como el flamenco!

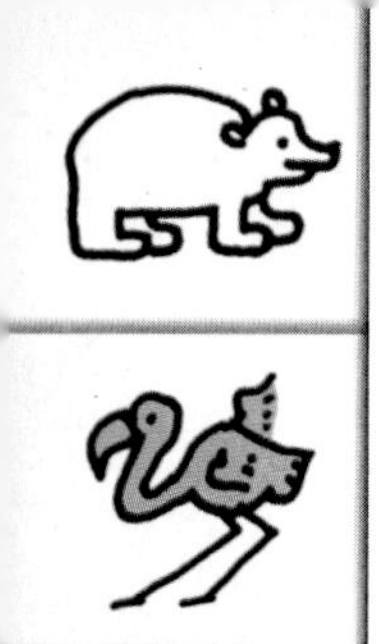

¡Ser tan listo como el zorro!

¡Nadar como el pez!

¡Correr como el venado!

¡Ver las cosas que están lejos como la jirafa!

¡Ocultarme en un caparazón como la tortuga!

¡Ser tan fuerte como el elefante!

¡Ser tan gracioso como la foca!

"¡Quisiera ser
como la gente!"

Entonces pasó una mosca. El camaleón estaba muy hambriento, pero también estaba hecho una mezcolanza: era un poco de esto y un poco de aquello, y no pudo atrapar a la mosca.

"¡Quisiera ser yo mismo!"
El deseo del camaleón se hizo realidad
y ¡atrapó a la mosca!

Piénsalo

1. Menciona algunos animales en los que el camaleón quiso convertirse. ¿Por qué quería ser como ellos?
2. ¿Qué significa ser uno mismo?
3. ¿Por qué Eric Carle le puso a su historia el título de

Datos curiosos sobre los animales: Cama

Para esconderse de sus enemigos, los camaleones cambian de color. Si tú también pudieras cambiar de color, ¡ya no tendrías que comprar ropa nueva!

leones

¡Ahora la ves, ahora no la ves! La lengua de los camaleones es más larga que su cuerpo. ¡Estiran su larga lengua para atrapar su alimento!

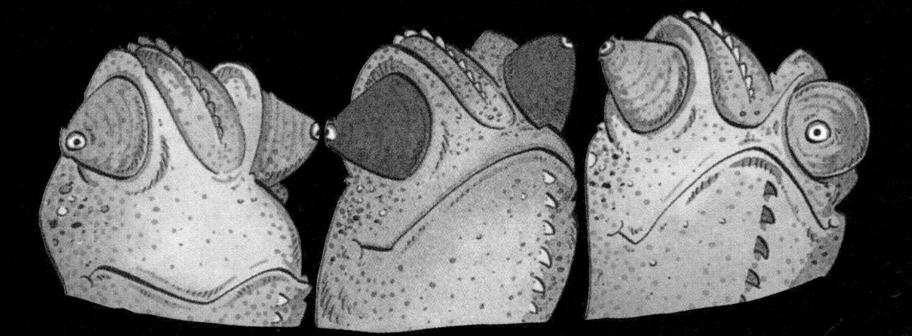

Los camaleones pueden mover un ojo sin mover el otro. ¡Un ojo al gato y otro al garabato!

Piénsalo

¿Qué aprendiste de los camaleones en este artículo?

Taller de

Animales especiales Haz un esquema

El camaleón pensaba que todos los animales del zoológico eran especiales. Trabaja en equipo para hacer un esquema sobre los animales. Haz una lista de los ocho animales que vio el camaleón. Luego anota lo que consideró especial en cada uno.

Piensa en otros tres animales; ¿qué los hace especiales? Inclúyelos y describe por qué son especiales.

Animal	Por qué es especial
oso polar	es muy grande
flamenco	es muy bonito
zorro	
pez	
venado	
jirafa	
tortuga	
elefante	
foca	

actividades

¡Mezcolanza de animales! Haz un dibujo

Cuando el camaleón se mezcló con otros animales, se veía muy gracioso. Trabaja en equipo para dibujar otra combinación de animales.

1. De revistas viejas, recorten fotografías de animales.
2. Decidan cómo combinar los animales.
3. Recorten a los animales por partes, combínenlas y péguenlas para crear animales nuevos.
4. Pongan un nombre al animal que crearon. Escriban una descripción de su animal combinado.

Compartan su trabajo con otros compañeros.

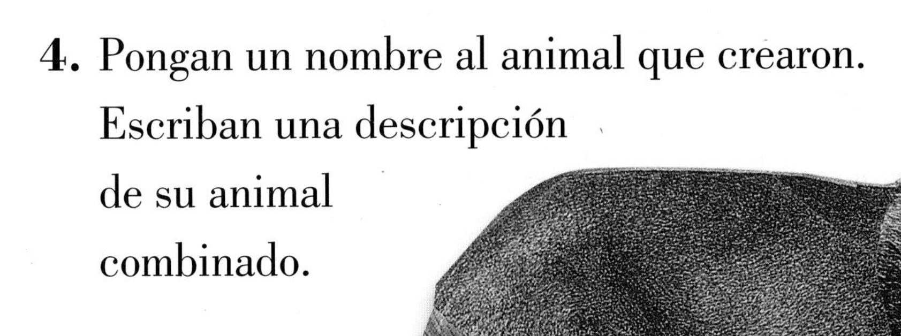

Conclusión del tema

¡Dibújalo como quieras!

HAZ UN DIBUJO Escoge un cuento de este tema y haz un dibujo de la parte que más te haya gustado. Muéstraselo a tus compañeros y explica por qué elegiste esa parte.

Tus cuentos favoritos

COMENTA LA LECTURA Reúnete con algunos de tus compañeros para hablar acerca de los cuentos de este tema. Cada quien debe decir cuál es su historia favorita y por qué.

Huellas por todas partes

DESCRIBE AL PERSONAJE

Los detalles que nos recuerdan a los personajes de este tema son las huellas de animales, sobre todo las del camaleón. Dibuja la huella de algún personaje de este tema. Dentro de ella, escribe algunas palabras para describirlo. Lee a tus compañeros lo que escribiste y explícales por qué lo elegiste.

TEMA

De la mano

CONTENIDO

LOS FAVORITOS DE LOS LECTORES

El camino de Amelia

de Linda Jacobs Altman

Ficción realista

Amelia debe cambiar de casa con frecuencia. Pero un día, un camino accidental la lleva al prado en el que desea echar raíces.

Frederick

de Leo Lionni

Fantasía

Mientras todos los ratones se preparan para el invierno, Frederick recoge los rayos de sol, los colores del verano y las palabras de sus amigos.

Margarita tenía un gato

de Nicoletta Costa/ Oddo Bracci

Fantasía

"Adivina, adivinanza... ¿quién las salchichas alcanza, sobre la leche se lanza y se llena bien la panza?"

La noche de las estrellas

de Douglas Gutiérrez

Cuento

A este señor no le gustaba la noche. Le molestaba no poder ver ni hacer nada. Conversa con la noche y encuentra la solución a su dilema.

Un sillón para mi mamá

de Vera B. Williams

Ficción realista

Rosa, su madre y su abuela ahorran hasta que logran comprarse un sillón grande y confortable para poder disfrutarlo las tres.

Un buen día, el anciano fue a sacar el nabo. Jalaba y jalaba una y otra vez, pero no podía sacarlo.

Entonces llamó a la anciana. La anciana jalaba al anciano y el anciano jalaba el nabo. Y juntos jalaban y jalaban una y otra vez, pero no podían sacarlo.

Luego, la anciana llamó a su nieta. La nieta jalaba a la anciana, la anciana jalaba al anciano y el anciano jalaba el nabo.

Y juntos jalaban y jalaban una y otra vez, pero no podían sacarlo.

La nieta llamó a un perro negro.

El perro negro jalaba a la nieta, la nieta jalaba a la anciana, la anciana jalaba al anciano y el anciano jalaba el nabo.

Y juntos jalaban y jalaban una y otra vez, pero no podían sacarlo.

El perro llamó al gato.

El gato jalaba al perro, el perro jalaba a la nieta, la nieta jalaba a la anciana, la anciana jalaba al anciano y el anciano jalaba el nabo.

Y juntos jalaban y jalaban una y otra vez, y aun así no podían sacarlo.

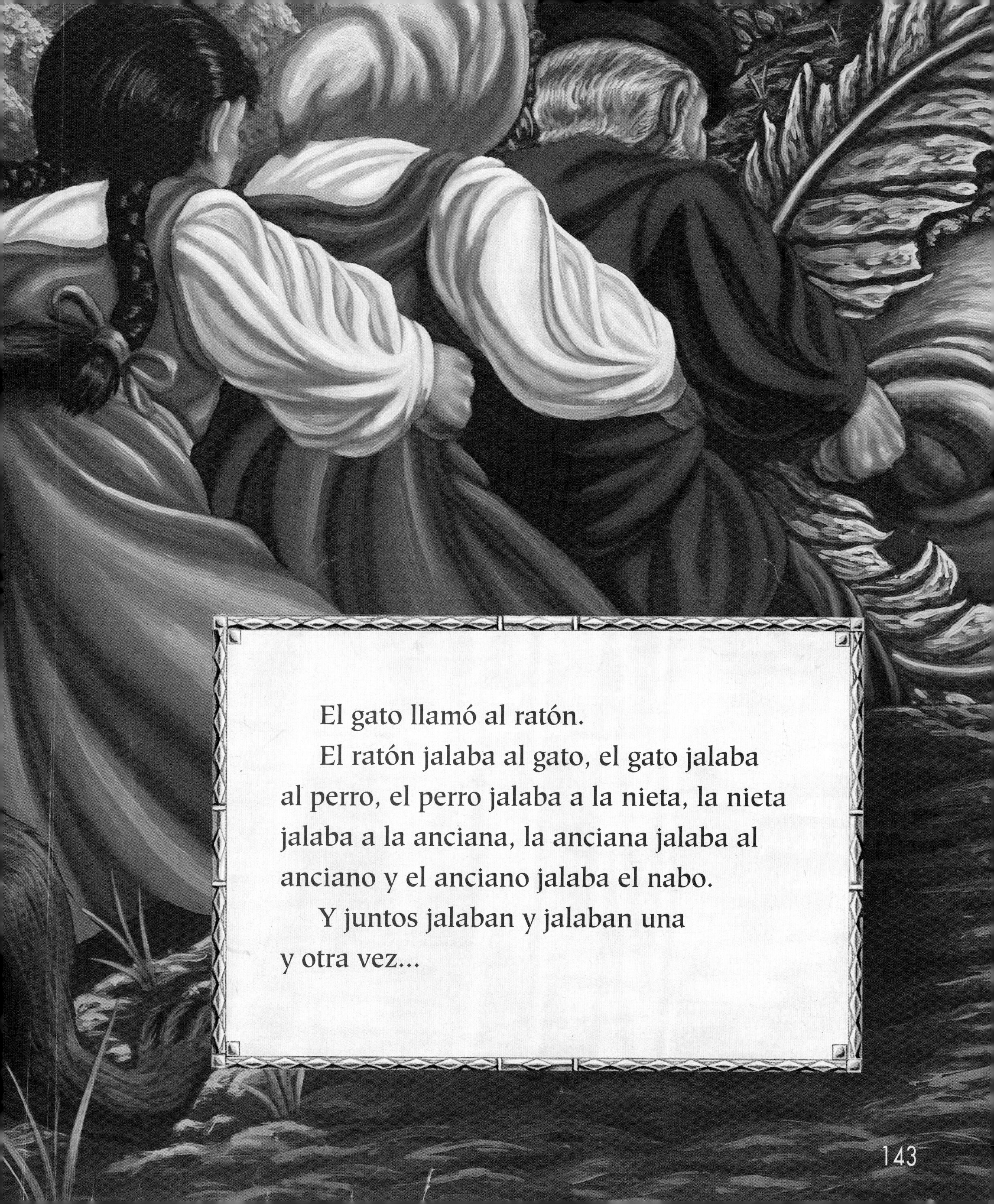

El gato llamó al ratón.

El ratón jalaba al gato, el gato jalaba al perro, el perro jalaba a la nieta, la nieta jalaba a la anciana, la anciana jalaba al anciano y el anciano jalaba el nabo.

Y juntos jalaban y jalaban una y otra vez...

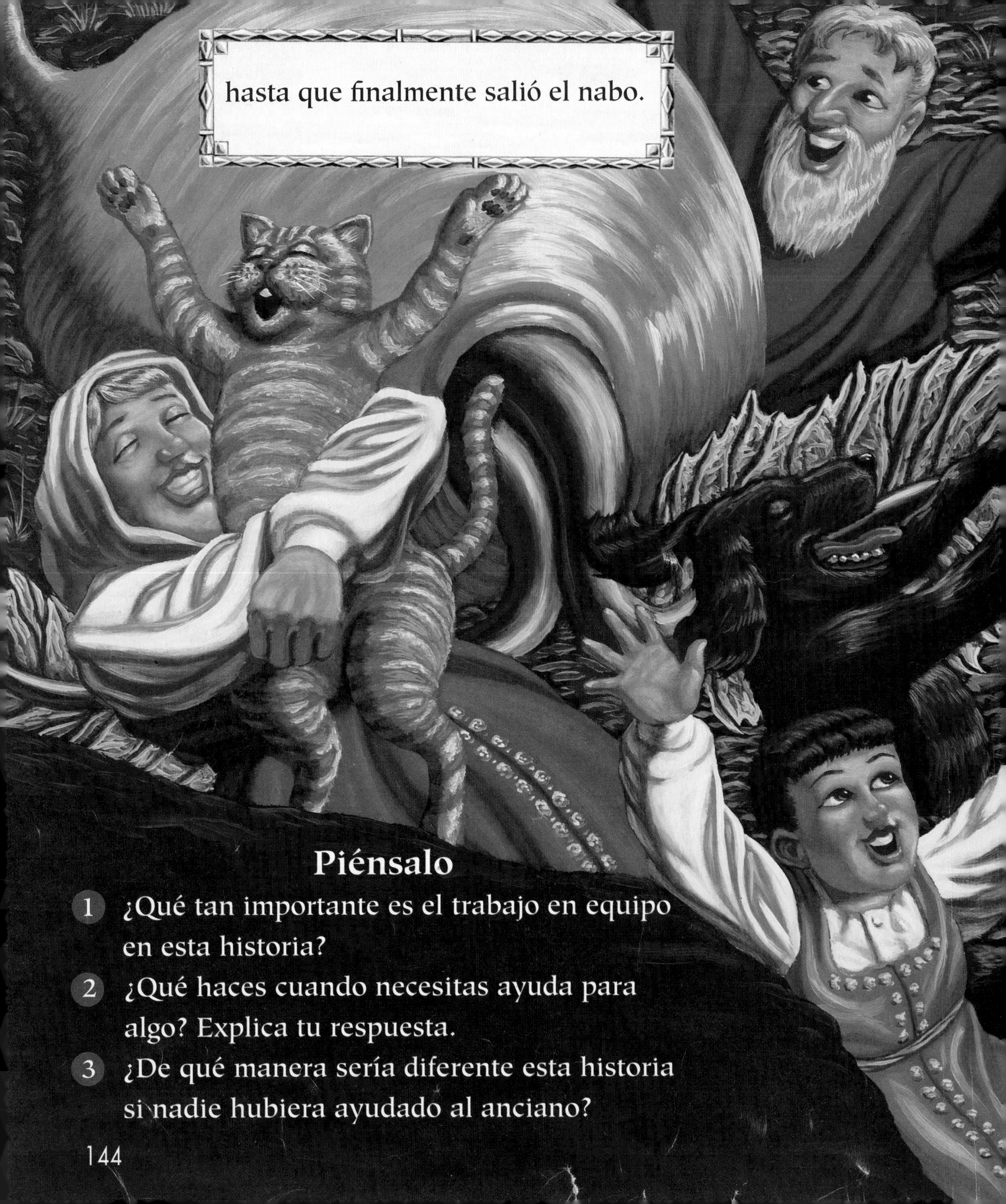

Piénsalo

1. ¿Qué tan importante es el trabajo en equipo en esta historia?
2. ¿Qué haces cuando necesitas ayuda para algo? Explica tu respuesta.
3. ¿De qué manera sería diferente esta historia si nadie hubiera ayudado al anciano?

Conoce al autor

Alexei Tolstoy fue un escritor muy conocido en Rusia. Escribió cuentos, poemas, obras de teatro e historias para niños. También escribió historias de ciencia ficción. Una de ellas trata sobre un viaje a Marte.

Conoce al ilustrador

Scott Goto ha dibujado desde que era niño. Su amor por el arte lo hace trabajar con ahínco para ser cada vez mejor. Disfruta escuchar música, tocar guitarra y ver caricaturas, así es como aprender historia. Le gusta ilustrar historias que ocurran en el pasado. Vive en Honolulu, Hawaii.

Taller de actividades

La unión hace la fuerza

Escribe un cuento

Puedes escribir un cuento parecido al de "El nabo gigante".

1. Escoge una fruta o una verdura.
2. Escoge cinco personajes que puedan ayudarse entre sí.
3. Usa tu imaginación para escribir un cuento en el cual los personajes colaboren para arrancar una fruta o verdura.
4. Ilustra tu historia y muestra el cuento a tus compañeros.

¿Recuerdas? Juega memorama

En este cuento varios personajes ayudan a sacar el nabo de la tierra. Para probar tu memoria, incluye nuevos personajes en este juego.

1. Siéntense en un círculo.
2. El primer niño dice: "**Un** ________me ayudó a sacar el nabo", y menciona el nombre del que lo ayudó; por ejemplo, **un perro**.
3. El siguiente niño repite lo que dijo el anterior y agrega algo más. Por ejemplo: "**Un perro y un gato me ayudaron a sacar el nabo**."

¡Hagan la lista tan grande como puedan!

PRUEBA TU DESTREZA

Secuencia

Una historia se va formando con varios sucesos. Los sucesos son las acciones del cuento. Los autores escriben los sucesos conforme éstos ocurren. El último suceso se presenta al final del cuento. El orden de los sucesos es la secuencia. Si tienes clara cuál es la secuencia, comprenderás mejor la historia.

Piensa en los sucesos de “El nabo gigante”. ¿Qué ocurre primero? ¿Qué pasa después?

Los enunciados de esta gráfica muestran los primeros tres sucesos de “El nabo gigante”:

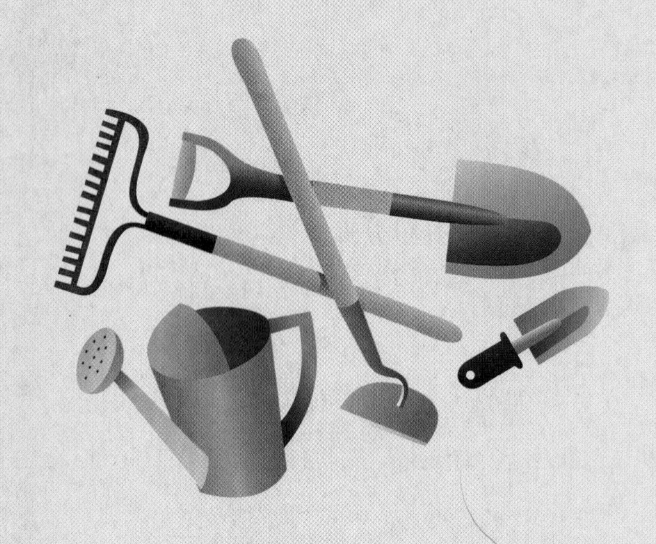

Un anciano planta un nabo.

↓

El nabo crece mucho.

↓

El anciano no puede sacarlo de la tierra.

El **primer** suceso ocurre cuando el anciano planta un nabo. El **siguiente** se presenta cuando el nabo crece mucho. ¿Qué pasa **después**?

Cuando leas, busca las palabras que se refieran al orden, como *primero*, *luego*, *después* y *finalmente*. Estas palabras pueden ayudarte a comprender mejor la secuencia de los sucesos.

¿QUÉ HAS APRENDIDO?

1. **¿Qué sucede cuando el anciano y la anciana no pueden sacar el nabo de la tierra?**

2. **Vuelve a leer las páginas 138 y 144 de "El nabo gigante". ¿Qué palabras se refieren al orden de los sucesos? ¿Te ayudan a comprender la historia?**

Visita *The Learning Site*
www.harcourtschool.com/reading/spanish

INTÉNTALO • INTÉNTALO

Vuelve a leer un cuento que te haya gustado y escoge cuatro sucesos. Escribe un enunciado para cada suceso, en el orden en que aparecen. Encierra los enunciados en recuadros y dibuja flechas para indicar cuál de ellos ocurrió primero, luego, después y al final.

Ayudar es sencillo

Texto y fotografías de George Ancona

No importa el mes ni el lugar, no importa si el trabajo es sencillo o complicado: tú siempre puedes dar la mano. Alguien te necesitará.

En primavera puedes ayudar a plantar semillas en la huerta del jardín. Esas semillas, aunque parezcan pequeñas, germinarán y se convertirán en alimentos.

Un caluroso día de verano puede ser divertido si ayudas a tus hermanos o a tus amigos a lavar el auto. Entre todos harán el trabajo más rápido y no desperdiciarán agua.

Al final del otoño
podrás ayudar a tu
vecino a recoger las
hojas que han caído;
al pisarlas, oirán el
crujido de la hojarasca.
Quizás en la tarde
sentirán el aire frío:
significa que ya
viene el invierno.
Siempre encontrarás
el lugar y el momento
precisos para cooperar.
¡Aunque algunas veces
quedarás lleno de aceite
para autos!

Hasta el profesor necesita que colabores para mantener limpio y ordenado el salón de clases.

No importa si eres chico o grande: dale una mano de pintura a tu casa como un profesional. Aprenderás muchas cosas si ayudas a un experto.

Y cuando aprendas bien los quehaceres, ¡a veces tendrás recompensas!

XVI Champs

Pero no olvides que lo mejor de la ayuda es que te acercas a otras personas.

Piénsalo

1. ¿Cómo ayudan los niños de este cuento a los demás?
2. ¿De qué manera puedes ayudar en tu escuela?
3. ¿Crees que este libro sería igual si no tuviera fotografías? Explica tu respuesta.

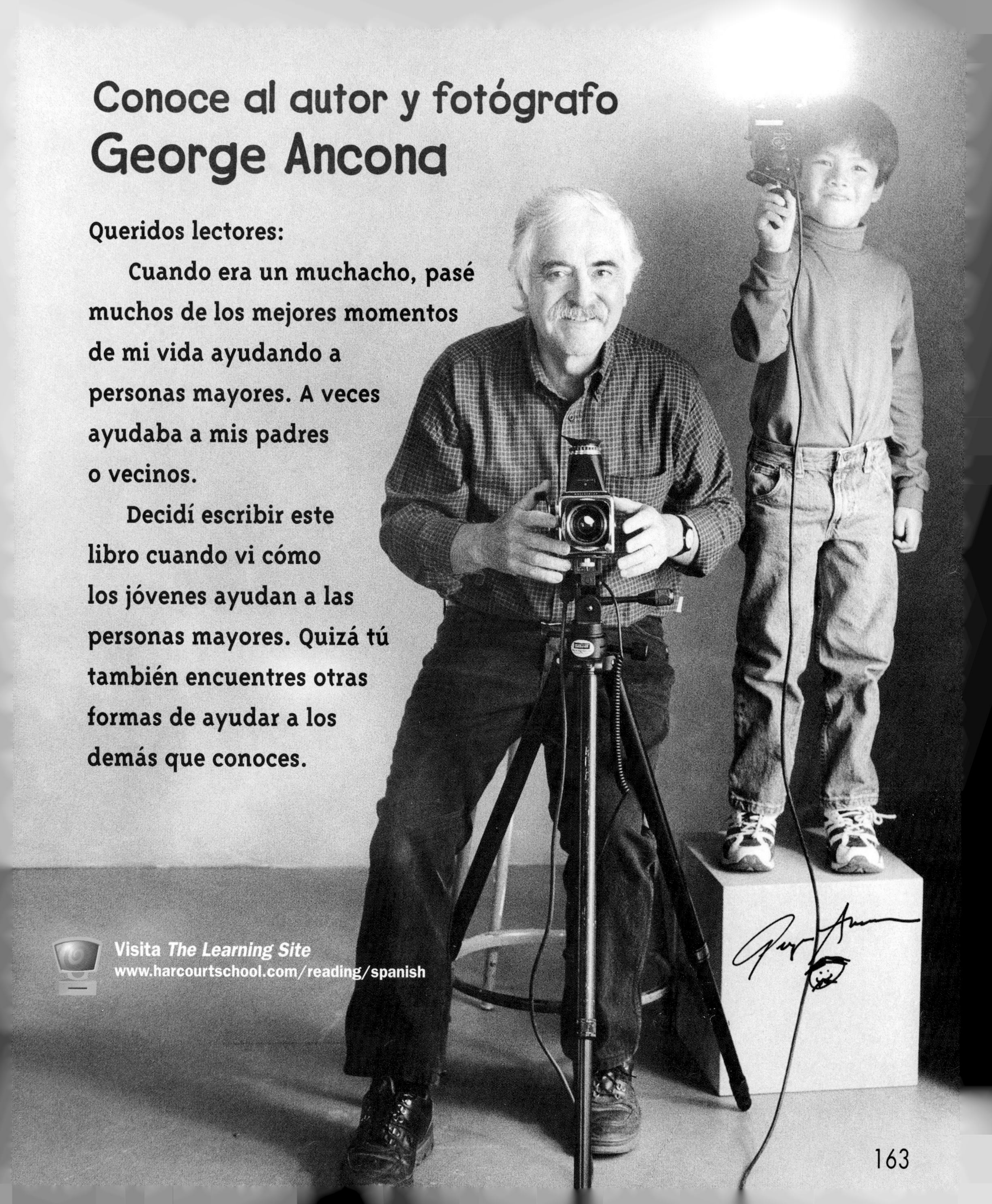

Conoce al autor y fotógrafo George Ancona

Queridos lectores:

Cuando era un muchacho, pasé muchos de los mejores momentos de mi vida ayudando a personas mayores. A veces ayudaba a mis padres o vecinos.

Decidí escribir este libro cuando vi cómo los jóvenes ayudan a las personas mayores. Quizá tú también encuentres otras formas de ayudar a los demás que conoces.

Visita *The Learning Site*
www.harcourtschool.com/reading/spanish

Todos participamos

Texto de Quentin Blake

Cuando limpiamos la casa,
TODOS PARTICIPAMOS.

Cuando intentamos
atrapar un ratón,
TODOS PARTICIPAMOS

Cuando hay algo que pintar,
TODOS PARTICIPAMOS.

Y cuando la abuelita
se va a desmayar,
TODOS PARTICIPAMOS.

Y si Fernando quiere hacer
un pastel de chocolate con plátano,
¿qué hacemos? ¡Obvio!

TODOS PARTICIPAMOS.

Taller de Actividades

Semana de la solidaridad Haz un calendario

Los niños de este cuento hicieron muchas cosas para ayudar a los demás. Tú también puedes ayudar a otras personas.

Haz un calendario con los días de la semana. En cada día escribe un enunciado que explique cómo puedes ayudar a tu profesor, tu familia o tus amigos.

Luego recorta siete estrellas. ¡Pega una estrella en cada día que cumplas tu misión!

Jueves	Viernes
Ayudar a mi mamá a lavar platos.	Ayudar al señor Stone a recoger la basura.

Hablando se entiende la gente

Escribe un diálogo

Imagina que los personajes de este cuento están hablando. Trabaja con un compañero para escribir lo que dicen.

1. Escoge una fotografía del cuento.
2. Recorta globos de diálogo como éstos:

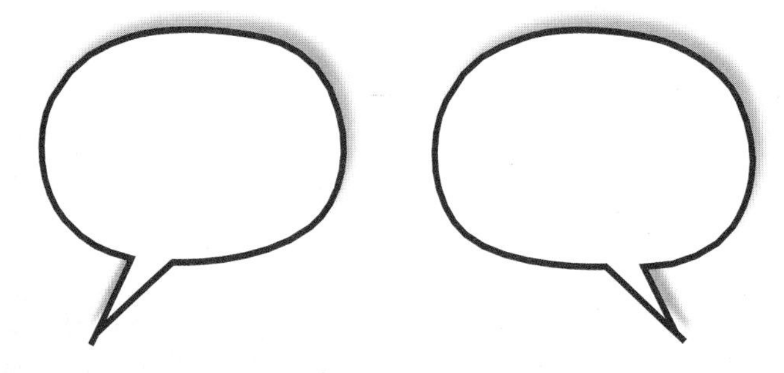

3. Escribe en los globos lo que dice cada personaje.
4. Haz lo mismo con las otras fotografías.

Muestra tu trabajo al grupo.

¡Qué sorpresa de cumpleaños!

Texto de Loretta López

Ilustraciones del Taller del Elfo

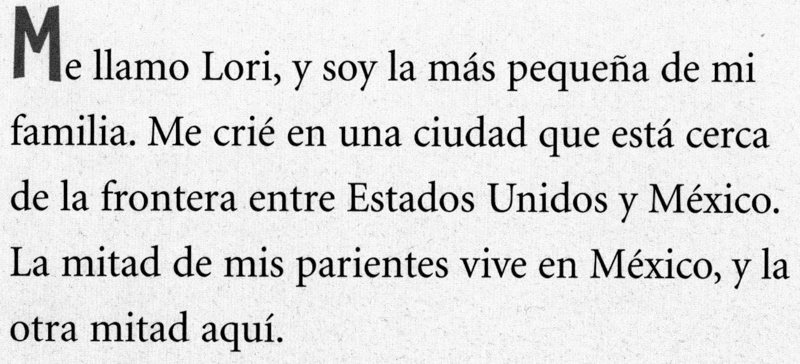

Me llamo Lori, y soy la más pequeña de mi familia. Me crié en una ciudad que está cerca de la frontera entre Estados Unidos y México. La mitad de mis parientes vive en México, y la otra mitad aquí.

Cuando yo tenía casi seis años, mi hermana Cuqui era adolescente. Ése fue el año en que tuve la mejor de todas las fiestas de cumpleaños; ahora sabrán por qué.

Era verano, un día antes del cumpleaños de Cuqui. Todos los años lo festejábamos con una gran reunión en la casa del tío Daniel, en México. Yo quería comprarle un regalo a Cuqui, pero por más que pensaba no se me ocurría qué regalarle.

Cuando se lo dije a mamá, me contestó con una sonrisa:

–Cuqui no espera que tú le vayas a dar ningún regalo, mija.

–¡Pero yo quiero dárselo! –le respondí–. El problema es que Cuqui ya es grande y es difícil encontrar algo para ella.

–Bueno, imagínate qué te gustaría a ti –dijo papá.

Pensé... y pensé... Yo cumplía años en diciembre...

¡Ya lo tenía! ¡El regalo perfecto!

–¡Un perrito!

Mamá se puso seria:

–Tener un perrito es una gran responsabilidad. Cuqui comienza su último año de secundaria, y no tendrá tiempo para cuidarlo.

–¡Yo la podría ayudar! –exclamé.

–¿Sabes qué? –me dijo mamá–. Acompáñame a hacer los mandados, quizás encuentres algo.

Mamá y yo fuimos en carro hasta el puente y cruzamos la frontera. Pasamos por casa de tía Sabina que estaba terminando un enorme pastel. Me besó y me acarició la mejilla con sus manos suaves y llenas de azúcar.

–¿Cómo estás, Lori? –me saludó.

–Más o menos, tía. No sé qué regalarle a Cuqui.

–Oh, no te preocupes –dijo mi tía–. Se te ocurrirá algo mientras tu madre y yo hablamos de pasteles.

Mamá y tía Sabina fueron a la cocina. Yo seguía sin tener idea sobre el regalo...

Nuestra siguiente parada fue en el mercado de México, que era muy diferente del supermercado al que íbamos cerca de casa.

Me acerqué con mamá a la tienda de curiosidades. ¡Qué cosas tan bonitas! Alcancías, marionetas, maracas... Podría haberme pasado horas mirando todo lo que había allí, pero en seguida supe que nada de lo que tenían era lo que yo buscaba para Cuqui.

Luego pasamos por donde estaban las piñatas. Mi preferida era la del burrito.

–Espera un segundo –dijo mamá, y enseguida comenzó a hablar en voz baja con el vendedor.

–Mamá, ¿y qué tal ésta? –le pregunté.

–Me parece que Cuqui es demasiado grande para una piñata, ¿no crees? –me contestó tomándome de la mano mientras caminábamos al carro.

–No te preocupes, todo saldrá bien.

A la mañana siguiente, la casa era una locura. Todo el mundo corría de un lado para otro, preparándose para el gran evento. Mamá me había hecho un vestido nuevo para ir a la fiesta y me arregló el pelo con cintas de colores.

–¡Caramba, hoy sí que voy elegante! –exclamé.

Cuando estuvimos todos listos fuimos a la casa del tío Daniel. Al llegar, ocurrió algo increíble.

–¡¡¡Sorpresa!!! ¡Feliz cumpleaños, Lori!

Allí estaban mis tías y mis tíos, mis amigos, nuestros vecinos y mis primos de los dos lados de la frontera. ¡Todos!

–Pero... no es mi cumpleaños –dije.

Cuqui me explicó:

—Es que mi cumpleaños es en verano, yo siempre tengo una gran fiesta. Pero tu cumpleaños es en invierno, cuando hace frío, y tú no puedes tener una fiesta así. Entonces, este año se me ocurrió intercambiar cumpleaños. Después de todo, yo soy un poco grande para esto... Así que, ¡feliz cumpleaños!

¡Yo no podía creerlo! Abracé fuertemente a mi hermana y corrí adonde estaban todos. ¡Qué día! Había mucha comida, y en el centro de la mesa estaba el hermoso pastel que había visto en la casa de tía Sabina.

Al momento de la piñata, me encontré con otra sorpresa. ¡Era el burrito!

Pero la mejor sorpresa vino al final. Era una caja sencilla con un moño. Papá dijo:

–Este regalo es de todos nosotros para ti.

¿Y adivinen qué había adentro? Era algo que yo deseaba más que nada en el mundo...

¡¡¡Una perrita!!!

La saqué de la caja; ella meneaba la cola y me lamía la cara.

–Se llama Canela –dije, y todo el mundo aplaudió.

Y así fue como todo sucedió. A mi hermana se le ocurrió celebrar mi cumpleaños en lugar del suyo, y yo pienso que ésa es una de las cosas más bonitas que una persona puede hacer.

Piénsalo

1. ¿Quiénes estaban en la fiesta de cumpleaños de Lori?
2. ¿Cómo crees que se sintió Lori con esta fiesta sorpresa?
3. ¿Por qué crees que Cuqui quiso intercambiar su cumpleaños?

Taller de actividades

¿Cuándo es tu cumpleaños?

HAZ UN CALENDARIO

Lori disfrutó mucho su fiesta de cumpleaños, y es que... ¿a quién no le gusta que lo festejen?

Consigue doce hojas y en cada una escribe un mes del año. Luego, pide a tus compañeros que apunten en las hojas correspondientes su nombre y el día de su cumpleaños. Después coloca las doce hojas en el periódico mural del salón. Así, cada vez que inicie el mes, pueden felicitar a todos los que cumplan años.

De fiesta en fiesta

HAZ UNA FIESTA

La familia de Lori se organizó para darle una fiesta sorpresa. Si tú y tus compañeros se organizan, también podrán hacer una fiesta para todos. Elijan una fecha especial para celebrar. Luego, cada uno escoja lo que puede traer a la fiesta, como: vasos, platos de plástico y servilletas, refrescos, sándwiches, un pastel, una piñata, regalos de intercambio, música, etcétera. Recuerden que es importante que todos colaboren pero, más que nada, que todos se diviertan.

La receta de Erizo

Texto de Maryann Macdonald

Ilustraciones de Lynn Munsinger

Premio al mejor autor e ilustrador

JUNIO
D L M M J V
LIBRO DE COCINA

Erizo tenía muchas ganas de un pan y encontró la receta de un pastel.

—Éste parece fácil y también rico —dijo.

Erizo sacó la harina, y luego sacó los huevos y la mantequilla.

Cuando estaba sacando el tazón azul oyó que tocaban a la puerta. Era Conejo.

—Hola, Conejo —dijo Erizo—, estoy preparando un pastel.

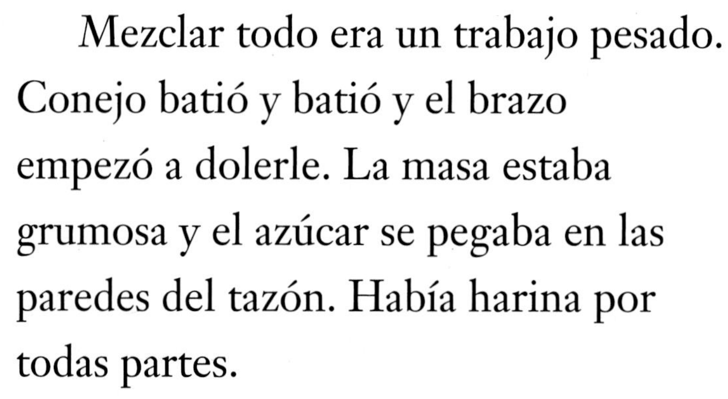

Mezclar todo era un trabajo pesado. Conejo batió y batió y el brazo empezó a dolerle. La masa estaba grumosa y el azúcar se pegaba en las paredes del tazón. Había harina por todas partes.

—Creo que alguien me llama —dijo Conejo–. Termina de batirla, Erizo. Volveré cuando el pastel esté listo.

Erizo movió la cabeza. La masa era un desastre.

—Ya quedamos todos sucios
por ayudarte —dijo Ardilla—.
Ahora vamos a casa a limpiarnos.
Mete el pastel al horno. Regresaremos
cuando esté listo.

Ardilla y Lechuza se fueron a casa.

Erizo miró la cocina. Había azúcar en el piso y mantequilla en la puerta del horno. También había harina por todas partes.

Erizo vació la masa del pastel en el bote de la basura.

Cerró la puerta de la cocina con seguro y sacó su receta.

Primero pesó el azúcar y la mezcló lentamente con la mantequilla. Después sacó tres huevos, los rompió y los vació en el tazón: uno, dos, tres. Luego añadió la harina.

Erizo mezcló todo y lo vertió en el molde que engrasó Lechuza.

Bajó la temperatura del horno y metió la masa a hornear.

Después limpió la cocina.

Toc, toc, toc.

—Abre la puerta, Erizo —llamó Conejo—. Ya olemos el pastel y nos está dando hambre.

Erizo quitó el seguro de la puerta y abrió. La cocina estaba limpia, el pastel se estaba enfriando en un estante y la mesa estaba puesta para tomar el té.

Los cuatro amigos se sentaron a la mesa y Erizo partió el pastel.

Todos comieron una rebanada y después volvieron a comer otra.

—Es el mejor pastel que he hecho en mi vida —dijo Conejo—. ¿No estás contento de que te haya enseñado cómo hacerlo?

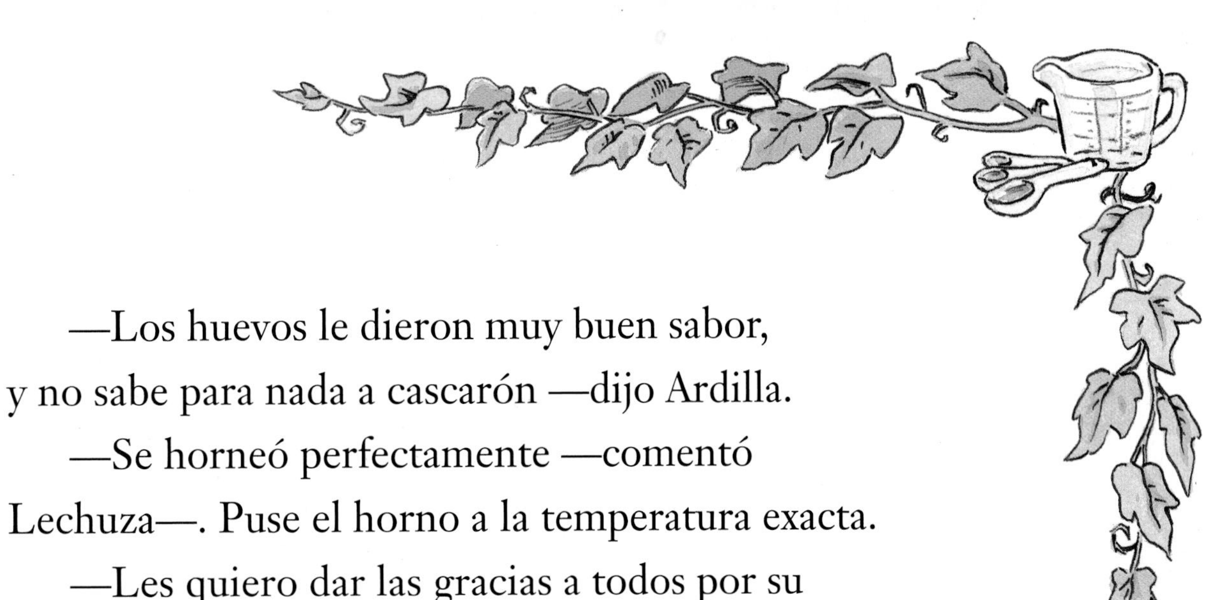

—Los huevos le dieron muy buen sabor, y no sabe para nada a cascarón —dijo Ardilla.

—Se horneó perfectamente —comentó Lechuza—. Puse el horno a la temperatura exacta.

—Les quiero dar las gracias a todos por su ayuda —dijo Erizo—. La próxima vez voy a tratar de hacerlo yo solo.

Piénsalo

1. ¿Qué sucedió cuando Erizo y sus amigos trabajaron juntos para preparar el pastel?
2. ¿Qué te gusta más de este cuento?
3. ¿Por qué Erizo no les dijo a sus amigos que él había preparado un nuevo pastel?

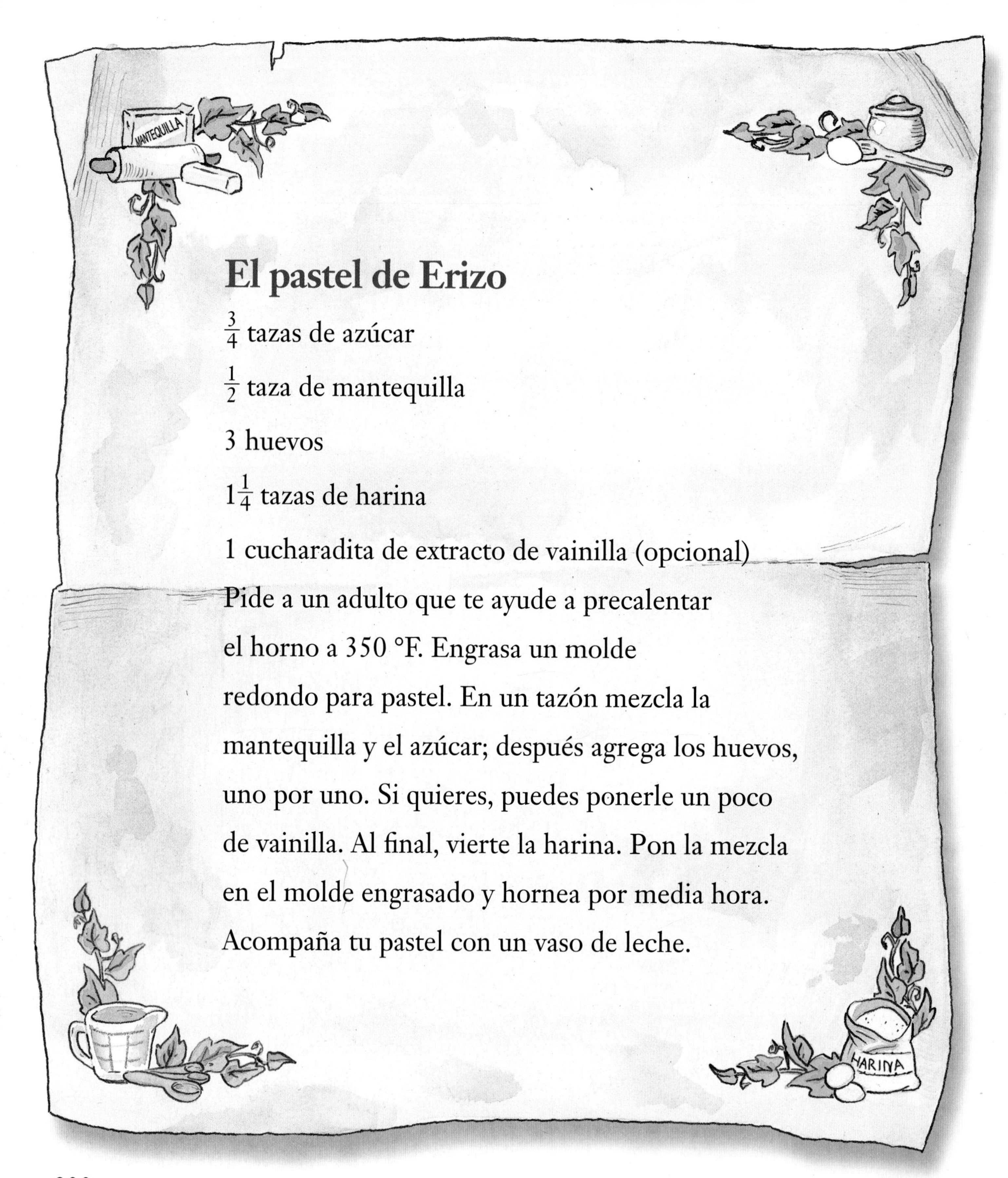

El pastel de Erizo

$\frac{3}{4}$ tazas de azúcar

$\frac{1}{2}$ taza de mantequilla

3 huevos

$1\frac{1}{4}$ tazas de harina

1 cucharadita de extracto de vainilla (opcional)

Pide a un adulto que te ayude a precalentar el horno a 350 °F. Engrasa un molde redondo para pastel. En un tazón mezcla la mantequilla y el azúcar; después agrega los huevos, uno por uno. Si quieres, puedes ponerle un poco de vainilla. Al final, vierte la harina. Pon la mezcla en el molde engrasado y hornea por media hora. Acompaña tu pastel con un vaso de leche.

Conoce a la autora y a la ilustradora

Maryann Macdonald

Maryann Macdonald ha convivido casi toda su vida con niños. Creció en una familia de diez hermanos y esto le ayuda a ver el mundo como lo verían los niños. De pequeña le gustaba escuchar las historias de la familia y pronto comenzó a contar sus propios cuentos. Publicó su primer cuento cuando tenía dieciséis años.

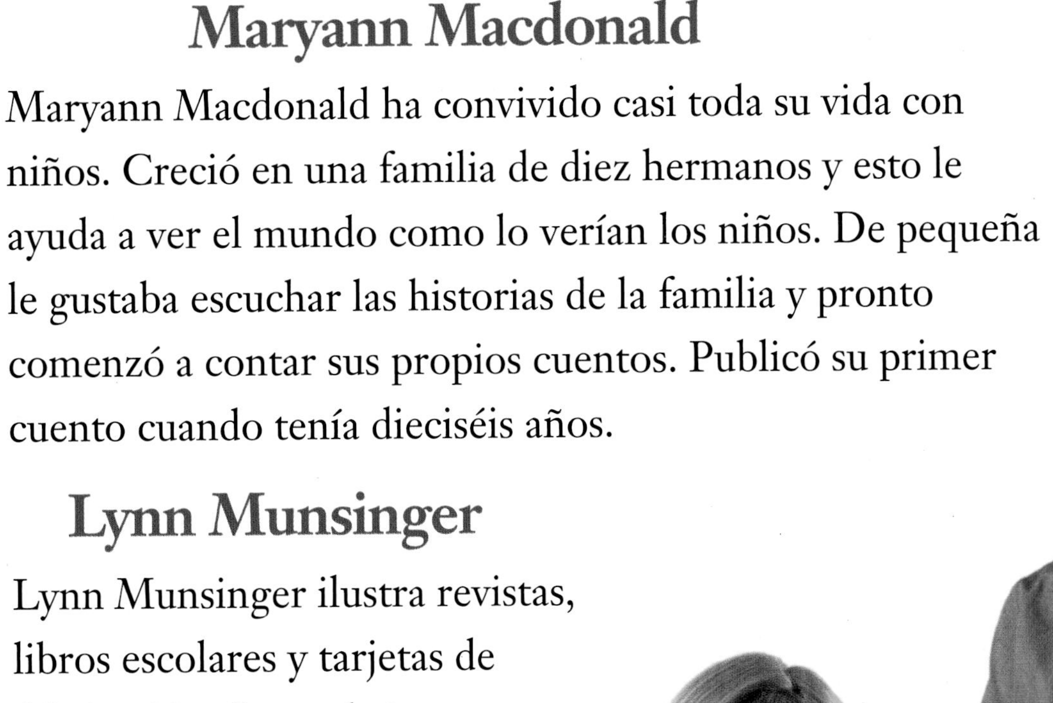

Lynn Munsinger

Lynn Munsinger ilustra revistas, libros escolares y tarjetas de felicitación. Sus trabajos preferidos son los libros infantiles. "Desde que tengo memoria, siempre he querido ser artista. Disfruto mucho mi trabajo y no puedo imaginarme haciendo algo diferente."

Visita *The Learning Site*
www.harcourtschool.com/reading/spanish

Taller de actividades

¡Arriba el telón! Representa una escena

Trabaja en equipos para representar "La receta de Erizo".

1. Decidan quién interpretará a cada personaje.
2. Consigan los objetos que usarán en la representación.
3. Ensayen las escenas.

Representen la escena frente al grupo.

Quien no oye consejos... Haz una lista

¿Qué consejos daría Erizo a alguien que quisiera preparar por primera vez un pastel? Escribe una lista de consejos. Al final de la lista, haz un dibujo para ilustrar alguno de los consejos.

Muestra la lista a tus compañeros.

PRUEBA TU DESTREZA

Sinónimos y antónimos

Vuelve a leer el siguiente enunciado de "La receta de Erizo".

"Lechuza estaba feliz."

Piensa en una palabra que signifique lo contrario de *feliz*. Las palabras con significado contrario se llaman **antónimos**. Las palabras que están en la primera columna de la siguiente tabla son antónimos de *feliz*:

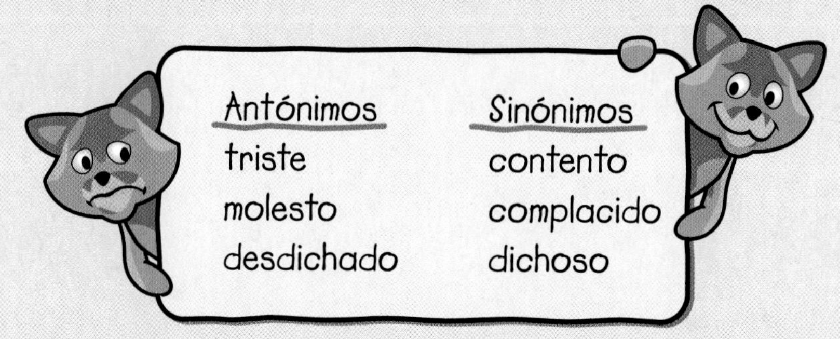

Antónimos	Sinónimos
triste	contento
molesto	complacido
desdichado	dichoso

Las palabras con significado parecido se llaman **sinónimos**. Las palabras que están en la segunda columna de la tabla son sinónimos de *feliz*.

Los escritores usan los sinónimos para aclarar el significado de los enunciados. Observa la imagen y lee el enunciado correspondiente:

"El zorro camina por el bosque."

Un escritor puede usar las palabras *anda* o *pasea* como sinónimos de *camina*. Los sinónimos permiten comprender mejor lo que sucede.

"El zorro anda por el bosque."

"El zorro pasea por el bosque."

En la lectura, los sinónimos y antónimos te ayudan a comprender mejor el significado de cada enunciado.

¿QUÉ HAS APRENDIDO?

Vuelve a leer el siguiente enunciado de "La receta de Erizo":

"—Abre la puerta, Erizo —llamó Conejo."

1. **¿Cuál es un sinónimo de *llamó*?**
2. **¿Cuál es un antónimo de *abre*?**
3. **¿Cómo cambiaría el significado del enunciado si usas un sinónimo o un antónimo?**

INTÉNTALO • INTÉNTALO

Relee una historia. Busca una palabra que puedas cambiar por un sinónimo y escribe un enunciado con ese sinónimo. Haz lo mismo con un antónimo. ¿Cómo cambia el significado de los enunciados?

Visita nuestra página en Internet
www.hbschool.com

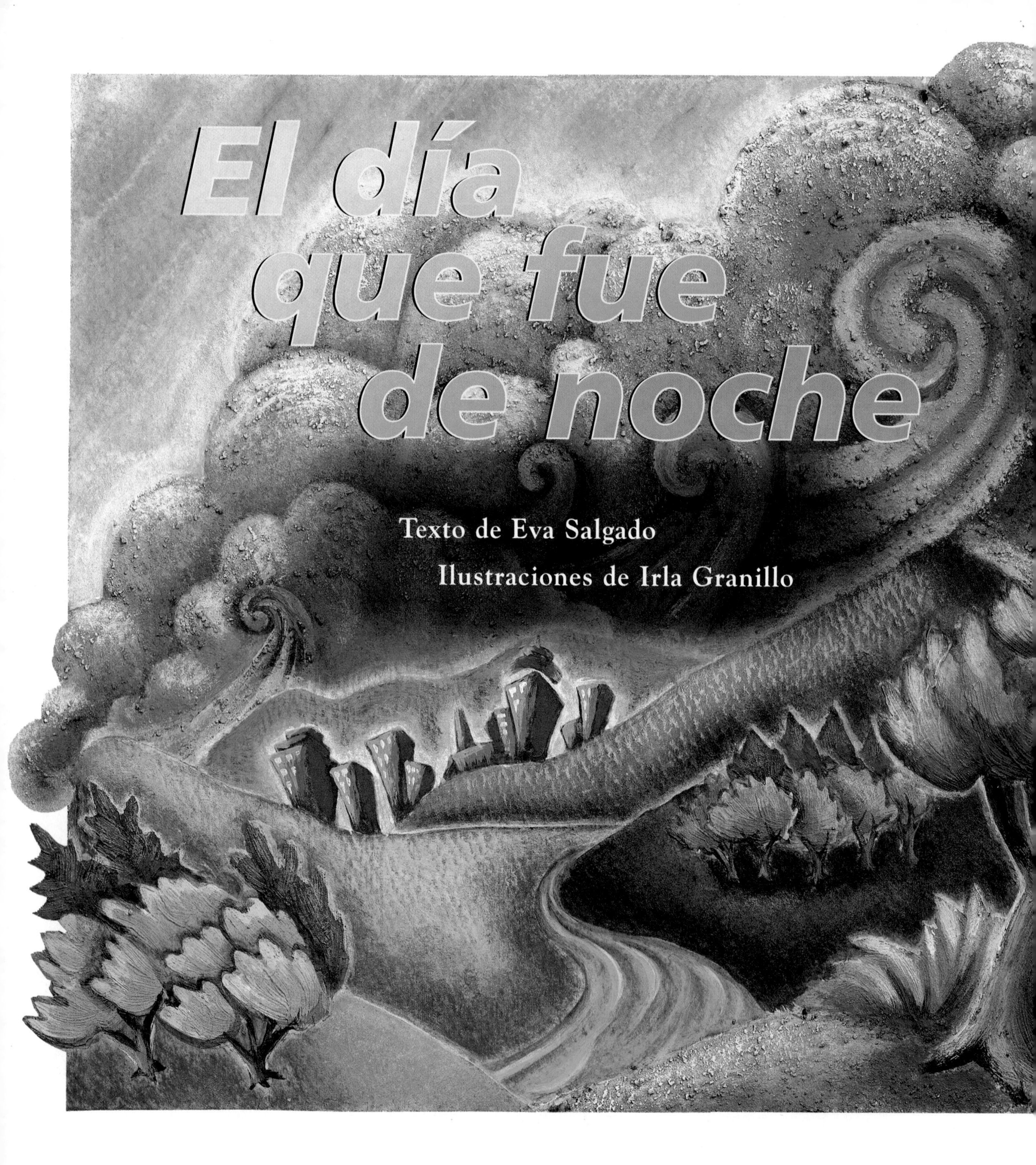

El día que fue de noche

Texto de Eva Salgado

Ilustraciones de Irla Granillo

Todos los días ocurre un espectáculo maravilloso.

Una estrella de millones de años se asoma por el oriente. Poco a poco, el cielo, hasta entonces iluminado tenuemente por la luna y las estrellas, comienza a cambiar de color.

Esa estrella es el sol, cuyos rayos llevan luz y calor a campos, desiertos, bosques, mares y montañas... ciudades y pueblos y, por supuesto, al cuarto de Casimiro.

Casimiro es un niño que, como tú, debe levantarse temprano de lunes a viernes para ir a la escuela.

Uno de esos días, la mamá de Casimiro entró a despertarlo:

—Arriba, Casimirito. Mira qué sol tan espléndido hay ahí afuera —dijo corriendo las cortinas.

Abrió las ventanas y la luz inundó el cuarto. Casimiro se estiró entre las sábanas y murmuró:

—¿No podría dormir otro ratito?

—Tienes que ir a la escuela; y tu papá y yo, a trabajar.

No le quedó más remedio que dejar la cama refunfuñando. Mientras se arreglaba pensaba: "Sería maravilloso que no hubiera sol; que siempre fuera de noche y yo pudiera dormir todo el tiempo."

Cuando desayunaba tuvo una idea: "Ya que el sol insiste en salir, cuando menos intentaré no verlo."

Salió con sombrilla y lentes oscuros; y así llegó a la escuela.

—¡Vean a Casimiro! —dijeron sus amigos riendo.

Él les contó el motivo de su disfraz y logró convencerlos de que sin sol podrían dormir más...

—Casimiro tiene razón, si no hubiera sol podríamos dormir todo el tiempo —dijo uno de sus amigos.

19

Un gorrión que volaba por allí cerca escuchó y, antes de que cantara un gallo, se lo platicó a una pareja de canarios. Los canarios se lo contaron a los pericos.

Los pericos se encargaron de comunicárselo a los mirlos, los chupamirtos, las palomas... los petirrojos, los pájaros carpinteros, los cuervos...

Muy pronto, las aves estaban enteradas de que los niños no querían que saliera el sol para poder dormir más.

—¿Habráse visto semejante locura? Debe ser una broma —protestó la paloma.

—Creo que hay que darles una lección —opinó el gorrión.

—Estoy de acuerdo —respondió el cuervo.

—Un plan es lo primero —dijo el pájaro carpintero.

Dirigidas por el águila, las aves hicieron un plan y volaron muy alto, hasta alcanzar las nubes.

Les explicaron a las nubes qué sucedía y les pidieron su ayuda.

Al día siguiente, las nubes se colocaron entre el sol y la tierra: las grandes y las pequeñas, las blancas y las grises, las del norte y las del sur.

Y así llegó el nuevo día; bueno, es decir, la nueva noche porque a las diez de la mañana estaba oscuro. Muy poca gente se despertó pues los gallos no habían cantado. Algunas personas pensaban: "Qué extraño, creo que mi reloj se descompuso", y se volvían a dormir porque creían que era de noche.

Por supuesto que había alguien muy feliz: Casimiro estaba emocionado. "Lo logré —se decía—, no salió el sol y es de noche y voy a dormir y dormir."

Pero a las once de la mañana, después de dar vueltas y vueltas en la cama, Casimiro estaba aburrido. Se le hacía insoportable estar acostado y salió a inspeccionar si ya iba a salir el sol. Se encontró a su mamá bostezando:

—Acabo de hablar con la vecina y aunque no lo parezca, es tardísimo. Mientras se resuelve este misterio, mejor sigo durmiendo.

Casimiro se quedó desconcertado. "Debería estar feliz —pensó—, pero está tan frío y oscuro... A lo mejor mis amigos me levantan el ánimo." Salió.

Las flores del jardín frente a su casa tenían los pétalos aún cerrados. Y vio que los girasoles estaban tristes pues no tenían a quién seguir.

Encontró a su amigo Lorenzo, el velador de la fábrica.

—Es el colmo, hace cinco horas terminó mi turno y no me puedo ir, todavía es de noche.

Se tropezó con el lechero que caminaba con su carrito vacío:

—Las vacas se quedaron dormidas.

Plácido y Vicente, sus vecinos, iban quejándose:

—Qué calamidad.

Don Próspero, que acababa de instalar en su casa una calefacción solar, gritaba furioso:

—¡No se va a calentar el agua! No me voy a poder bañar.

Casimiro iba pensativo cuando oyó la voz de sus amigos que habían salido a buscarlo:

—Nos equivocamos, Casimiro.

—Nos equivocamos —respondió.

Y todos juntos empezaron a gritar:

—Sal, sol, por favor. ¡Sol!

Las nubes comenzaron a dispersarse y en lo alto del cielo apareció el sol más brillante que nunca.

Las flores se alegraron, las aves se pusieron a cantar, y el velador, el lechero, Plácido, Vicente, don Próspero y Casimiro sonrieron.

Todos disfrutaron de nuevo el sol de la mañana.

Piénsalo

1. ¿Por qué Casimiro y sus amigos le piden al sol que vuelva a salir?
2. ¿Cuál fue el plan de las aves para darles una lección a los niños?
3. ¿Para qué crees que te sirve el sol?

CONOCE A LA ILUSTRADORA

Irla Granillo

Cuando era niña comencé a dibujar imitando a mi madre: era pintora y yo quería ser como ella, por eso estudié diseño gráfico. Un día decidí dibujar para los niños. Eso me pone en contacto con mi niña interior y puedo ofrecer a los niños que ven mis ilustraciones un mundo mágico de fantasía, colores y texturas infinitas. Con "El día que fue de noche" recordé lo difícil que es dejar la tibieza de la cama y los sueños para comenzar nuestras actividades diarias. Después, junto a Casimiro, con lápices, papel, colores y pinceles, me maravillé una vez más del sol, su luz y su calor.

El sol

¡Buenos días! Sabemos que es de día porque hay luz. Vemos la luz, pero pocas veces miramos el sol que nos la manda. El sol es tan brillante que nos deslumbra. Sólo podemos mirarlo con anteojos especiales, ahumados, muy oscuros. El sol parece un disco blanco del tamaño de una pelota. Eso ocurre porque está lejos. Pero al lado de laTierra, el sol es un gigante.

¡Para formar una pelota del tamaño del sol, tendríamos que juntar más de un millón de planetas como el nuestro! Ese gigante está formado por materias muy calientes, tan calientes, que brillan. Los astrónomos –quienes estudian el cielo con telescopios– ven unas nubes de gases y unas enormes llamaradas que salen del sol, y dicen que cada una de esas llamaradas es más extensa que la Tierra. Necesitamos los rayos del sol para crecer y vivir; sin su luz y su calor, en la Tierra no habría personas, ni animales ni plantas.

Taller de actividades

No por mucho madrugar, amanece más temprano

USA LA MÍMICA

En "El día que fue de noche" la gente no podía hacer sus actividades cotidianas debido a que no había sol. ¿Te imaginas qué harías si siempre fuera de noche?

Por equipos, escojan una actividad que hagan siempre al levantarse por la mañana. Actúen con mímica cada actividad. Sus compañeros deben adivinar de qué actividad se trata. Entre todos, digan si esa actividad también puede hacerse durante la noche.

¡Viva el sol!

HAZ UNA DESCRIPCIÓN

Al salir el sol, se alumbran los prados, las ciudades,
el cuarto de Casimiro y tu salón de clases.
Escribe algo acerca de la luz que el sol nos ofrece.
Observa la luz del sol que entra en tu salón de clases.
En una hoja, describe cómo es esa luz.

Para tu descripción puedes fijarte en:

- por dónde entra la luz
- si está cerca de tu mesa de trabajo
- si es una luz brillante o no lo es
- si quema o apenas calienta
- qué sientes cuando esa luz te alumbra

Ponle un título a tu descripción. Lee tu descripción en voz alta para tus compañeros y escucha las que ellos escribieron.

CONCLUSIÓN DEL TEMA

Dales una mano

RELACIONA LOS TEMAS
El título de este tema es "De la mano". Traza el contorno de tu mano en una hoja en blanco. En cada dedo escribe el título de los cuentos de este tema. Debajo de cada título, escribe una palabra que explique cómo trabajaron juntos los personajes. Comparte con tus compañeros lo que escribiste.

¡Alcanza la meta!

ANALIZA EL CUENTO Todos los cuentos de este tema hablan sobre el trabajo en equipo para alcanzar una meta. Escoge un cuento y explica cuál es la meta de los personajes. Da algunos ejemplos. Muestra el trabajo a tus compañeros.

¡Vaya personaje!

ANALIZA AL PERSONAJE Reúnete con algunos de tus compañeros y habla con ellos sobre los personajes de los cuentos. ¿Cómo describirías a cada personaje? ¿Usarías palabras como amigable, tímido, talentoso o inteligente? Haz un cartel para cada una de estas palabras. Escribe una palabra en cada cartel. Luego dibuja a los personajes de este tema que se describen con esa palabra.

CONTENIDO

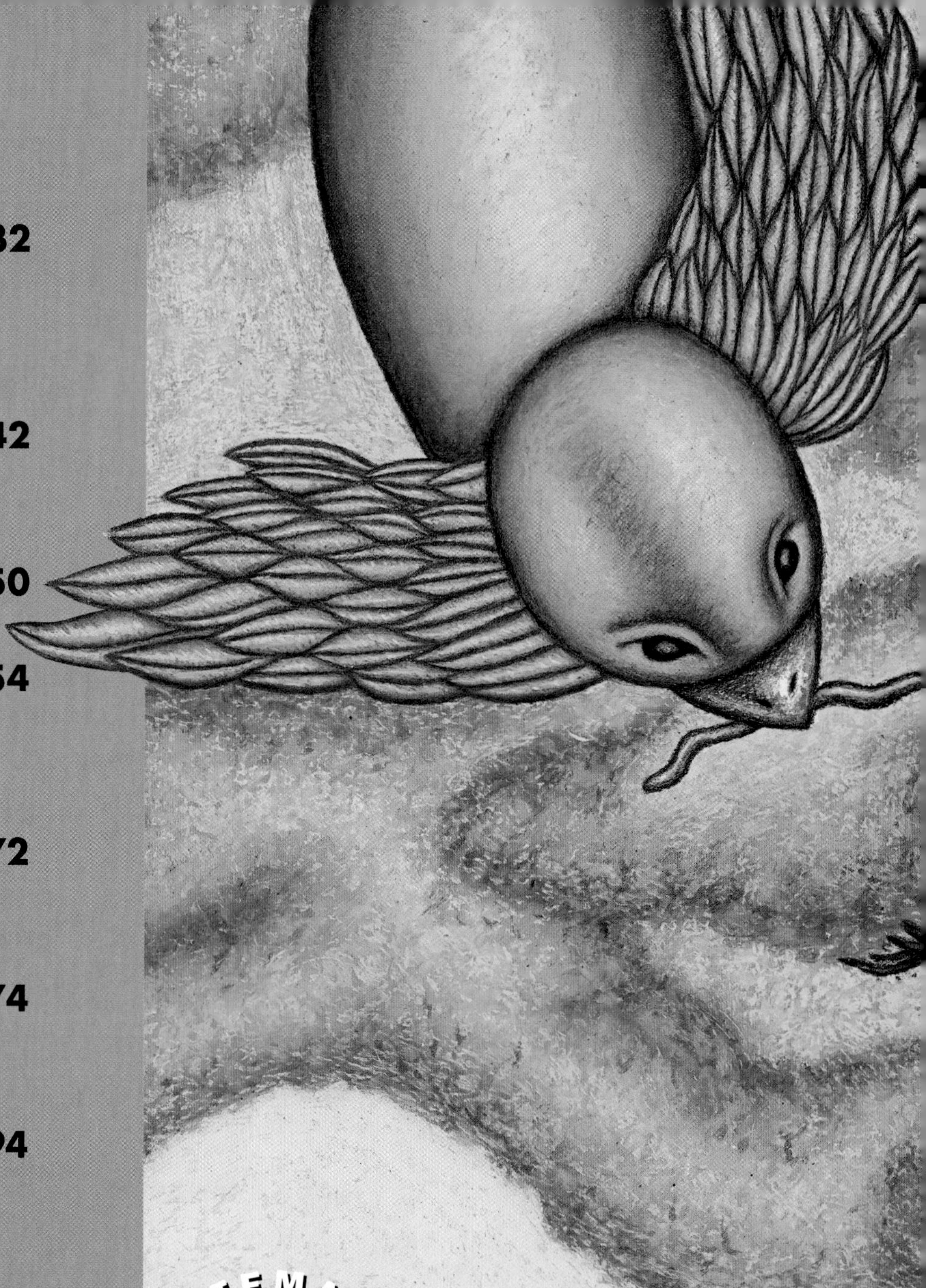

TEMA

Nuestro mundo

Los favoritos de los lectores

Un árbol es hermoso
de Janice May Udry
Poema narrativo
¿Sabes todo lo que puedes hacer con un árbol? No sólo trepar a lo alto de su copa o colgar un columpio en una de sus ramas...

Manuela color canela
de Elena Dreser
Ficción realista
Mientras se vuelve color canela, Manuela le dice a una nube cómo cambiará de color.

¡Qué montón de tamales!

de Gary Soto

Ficción realista

"Me pondré el anillo un ratito", piensa María. Luego mete las manos en la masa de los tamales, donde el anillo desaparece.

El sueño del abuelo

de Holly Keller

Ficción realista

El abuelo de Nam sueña con restaurar los pantanos para que las grullas puedan vivir allí otra vez.

Mateo y Tili

de Rebecca C. Jones

Cuento

Mateo y Tili son grandes amigos. Juegan, comen y ayudan a los demás juntos. Pero no siempre están de acuerdo en todo…

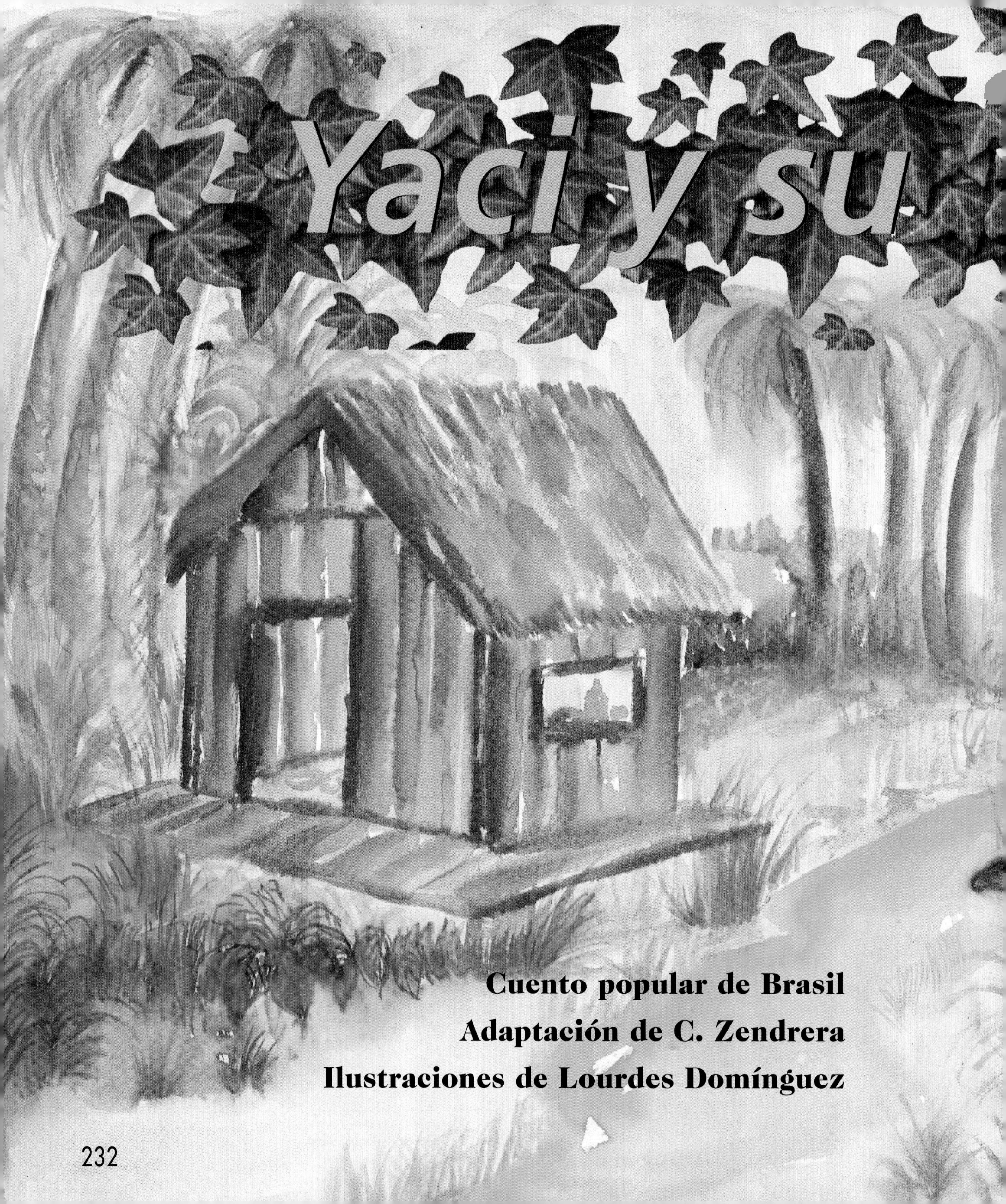

Yaci y su

Cuento popular de Brasil
Adaptación de C. Zendrera
Ilustraciones de Lourdes Domínguez

muñeca

Yaci vivía con sus padres
en un poblado llamado Caximbo,
dentro de la Gran Selva brasileña.

Yaci tenía una muñeca que no era igual a las demás porque se la había hecho ella misma con una mazorca de maíz, vestida con las hojas de la misma planta que ya estaban algo amarillentas.

La muñeca se llamaba Curumín.

Yaci la quería tanto, que no la dejaba un momento.

Yaci jugaba mucho con Curumín. La bañaba, la vestía, la mecía en su hamaca y siempre la tenía en brazos. Su madre la llamaba para que le ayudase en las tareas de la casa.

—¡Yaci! ¡Yaci! ¡Ven a ayudarme a barrer y a ordenar la casa!

Pero Yaci estaba tan distraída jugando con su muñeca, que ni la oía.

Un día, después de llamarla varias veces, la madre de Yaci se enfadó y le dijo:

—Si sigues siendo tan desobediente voy a quitarte esa muñeca.

Sólo lo decía para que la obedeciese, pero Yaci se asustó y decidió esconder a su Curumín.

Con su muñeca en brazos, se fue hacia la orilla del río, en donde se bañaba todas las mañanas.

Allí encontró a su amiga la tortuga, que le preguntó:

—¿Qué buscas por aquí, Yaci?

—Un sitio para esconder mi muñeca.

—Eso es fácil —dijo la tortuga—; haz como yo: escarbo en la arena y escondo mis huevos.

Yaci cavó con sus manitas un agujero igual al que veía hacer a su amiga la tortuga y dejó su muñeca bajo la arena caliente. La arena cubría hasta los hombros a Curumín como una sábana.

La niña disimuló el lugar cubriéndolo de hojas.

—No te preocupes —dijo la tortuga—, al mismo tiempo que vigilo mis huevos vigilaré también tu muñeca.

Y Yaci regresó a su casa.

Las grandes lluvias habían llegado. Llovía sin cesar.

Pasó bastante tiempo antes de que Yaci pudiera salir a buscar a su muñeca.

Por fin Yaci pudo ir en busca de su Curumín.

Pero había llovido tanto, tanto, la corriente llevaba tanta agua, tanta, que la orilla del río no parecía la misma y Yaci no podía recordar dónde había puesto su muñeca.

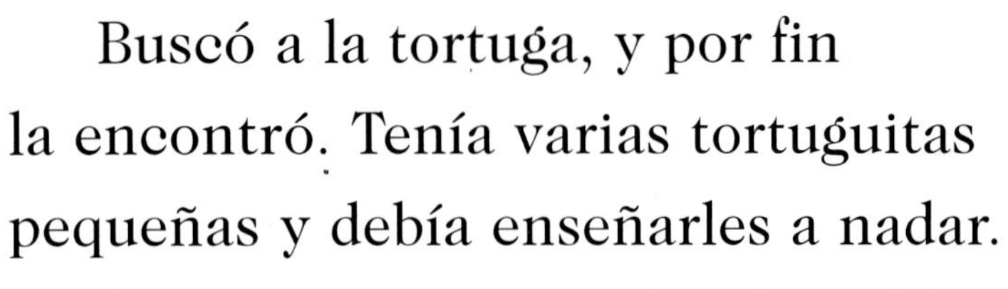

Buscó a la tortuga, y por fin la encontró. Tenía varias tortuguitas pequeñas y debía enseñarles a nadar.

La tortuga acompañó a Yaci al lugar donde había escondido a la muñeca, pero allí no había más que dos hojitas que subían del suelo como si fuesen dos manos verdes.

Yaci se arrodilló para mirarlas.

Estaba a punto de llorar; y la tortuga le dijo:

—No llores, Yaci. Estas hojas son tu Curumín. Crecerán y se convertirán en una planta muy alta. Darán muchas mazorcas de maíz. Ven a buscarlas en verano. Encontrarás aquí a tu muñeca.

Llegó el verano, y Yaci volvió a la orilla del río.

Allí donde había escondido a su Curumín encontró una hermosa planta con muchas mazorcas de maíz.

Tomó una, la vistió con las hojas y se hizo una muñeca que era igual que su Curumín.

Con las mazorcas que quedaron, la mamá de Yaci preparó muchas veces ricas tortitas de maíz.

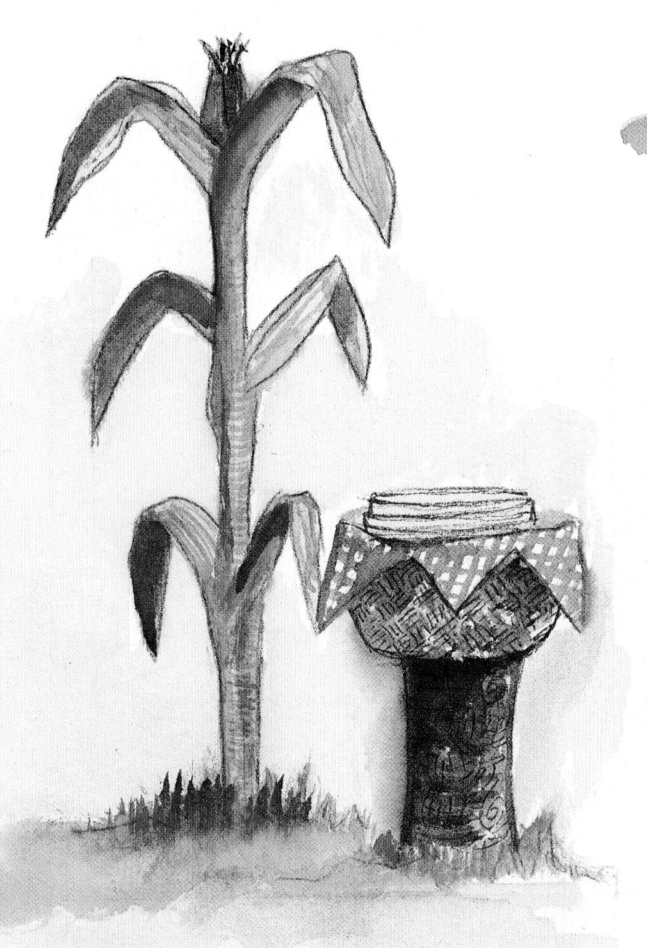

Piénsalo

1. ¿Por qué Curumín se convirtió en una planta?
2. ¿Crees que la tortuga sabía lo que le iba a pasar a Curumín? Explica tu respuesta.
3. Si tuvieras un juguete tan querido como Curumín, ¿cómo lo cuidarías?

Taller de actividades

Mírala crecer

HAZ UN GERMINADOR

Con la ayuda de la tierra, el agua y el sol, la muñeca de Yaci se convirtió en una planta de maíz. Tú también puedes hacer que una semilla se transforme en una planta.

Necesitas:

- Una semilla (puede ser un frijol)
- Un frasco de vidrio
- Algodón
- Un poco de agua

Lo que debes hacer:

1. Coloca en el frasco un pedazo de algodón que cubra la base y en medio del algodón pon la semilla.
2. Humedece el algodón con agua. Pero ten cuidado de no echar ni poca ni mucha agua.
3. Pon el frasco en un lugar donde reciba directamente los rayos del sol; puede ser cerca de una ventana.
4. Cada dos días echa un poco de agua a tu frasco.
5. Después de una semana, verás que tu semilla se abre justo a la mitad y por ahí se asomará una plantita.
6. En dos semanas tu planta estará lo suficientemente fuerte como para que la cambies a una maceta con tierra.

¿Cómo está mi planta?

PRESENTA UN INFORME

1. Cada vez que viertas agua a tu semilla, responde esta pregunta en tu libreta: ¿Cómo está mi planta hoy?
2. Junto a la respuesta escribe la fecha.

La
cama
de los
sueños
Texto de Beatriz Campos
Ilustraciones de Laura Fernández

Un día doña Altagracia Remedios de los Manzanos se ganó una cama en una rifa.

Una cama pequeña, sin adornos, pintada de colorado.

De momento no supo qué hacer con ella, pues ya tenía la suya.

Pensó en venderla, ¿pero a quién?

Pensó en regalarla, ¿pero a quién?

Doña Altagracia cayó en la cuenta de que no tenía amigos: se había vuelto una vieja solitaria y enojona.

Varios días dejó la cama olvidada en el patio, hasta una tarde cuando estaba a punto de llover.

Entonces, la metió a su cuarto y durmió en ella.

Esa noche soñó que caminaba por un campo lleno de flores amarillas. Con ella estaba su mamá; las dos recogían flores.

Hacía mucho que doña Altagracia no soñaba.

Despertó contenta y salió a caminar al campo y juntó muchas flores silvestres que puso en un frasco de su salita.

Por la noche volvió a soñar. Esta vez, ella y su amiga Blanca se columpiaban en un árbol cerca del río.

Al despertar, sintió que volaba todavía contenta, por los aires.

Por la tarde, después de su quehacer, fue al río: quería mirar a los niños columpiarse.

La tercera noche doña Altagracia soñó con su abuelo y el olor del pan recién horneado. Recordó cuando él la llevaba a comprar conchas, polvorones y chilindrinas.

Por la mañana tenía tal antojo que corrió a la panadería y desayunó su cafecito con pan dulce.

La cuarta noche, metida en su cama nueva, soñó con una viejecita malhumorada que siempre andaba renegando. Se dio cuenta de que se había visto a sí misma en el sueño.

Y lo primero que hizo al levantarse fue abrir bien las ventanas para que entrara el sol.

Al mediodía fue al mercado y compró un canario chiflador y unas matas de geranios.

Por la tarde horneó pan de miel y les convidó a los vecinos.

Esa noche doña Altagracia volvió a soñar.

Esta vez con una viejecita alegre que tenía un canario chiflador y un patio lleno de geranios.

Piénsalo

1. ¿Qué recordó doña Altagracia en la cama nueva?
2. ¿Cómo era doña Altagracia al principio de la historia y cómo era al final?
3. ¿Cuál de los sueños de doña Altagracia te gustó más? ¿Por qué?

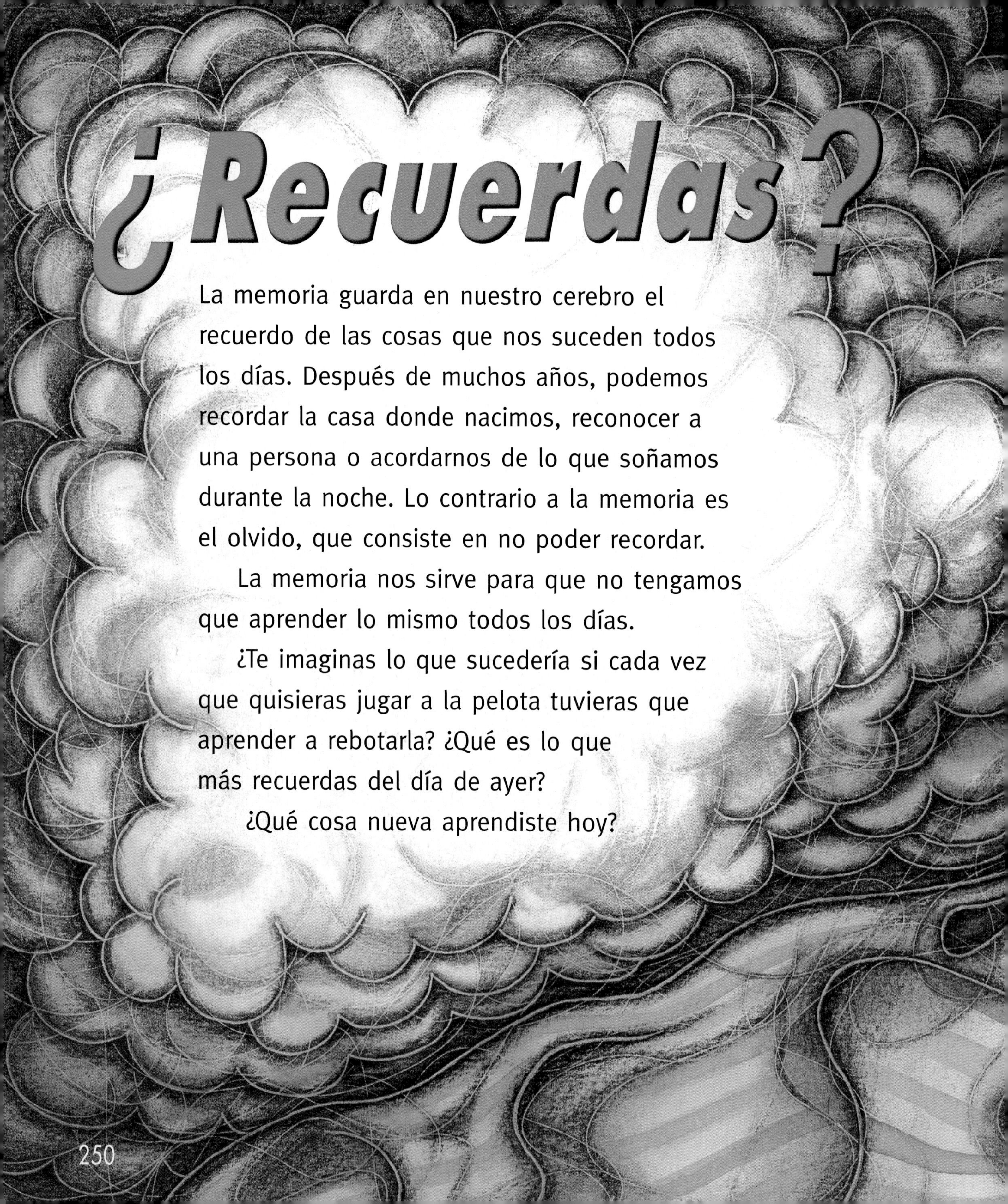

¿Recuerdas?

La memoria guarda en nuestro cerebro el recuerdo de las cosas que nos suceden todos los días. Después de muchos años, podemos recordar la casa donde nacimos, reconocer a una persona o acordarnos de lo que soñamos durante la noche. Lo contrario a la memoria es el olvido, que consiste en no poder recordar.

La memoria nos sirve para que no tengamos que aprender lo mismo todos los días.

¿Te imaginas lo que sucedería si cada vez que quisieras jugar a la pelota tuvieras que aprender a rebotarla? ¿Qué es lo que más recuerdas del día de ayer?

¿Qué cosa nueva aprendiste hoy?

Turquesita

Texto de Silvia Dubovoy · Ilustraciones de Yadhira Corichi y Julieta Gutiérrez

En el fondo del mar, dentro de un arrecife donde el agua era clara y transparente, vivía una familia de peces pequeños muy trabajadores.

Toda la familia era de color verde con puntos rojos y morados. Tenían además una cola larga, llena de pequeñas manchas que parecían lentejuelas fosforescentes. Por eso en el arrecife los conocían como peces lentejuelas.

Cada mañana, la mamá se encargaba de moler algas y plancton para preparar la comida.

Los hijos, mientras tanto, barrían y limpiaban las cuevitas donde vivían. Primero ayudaban a su mamá y después se iban a la escuela.

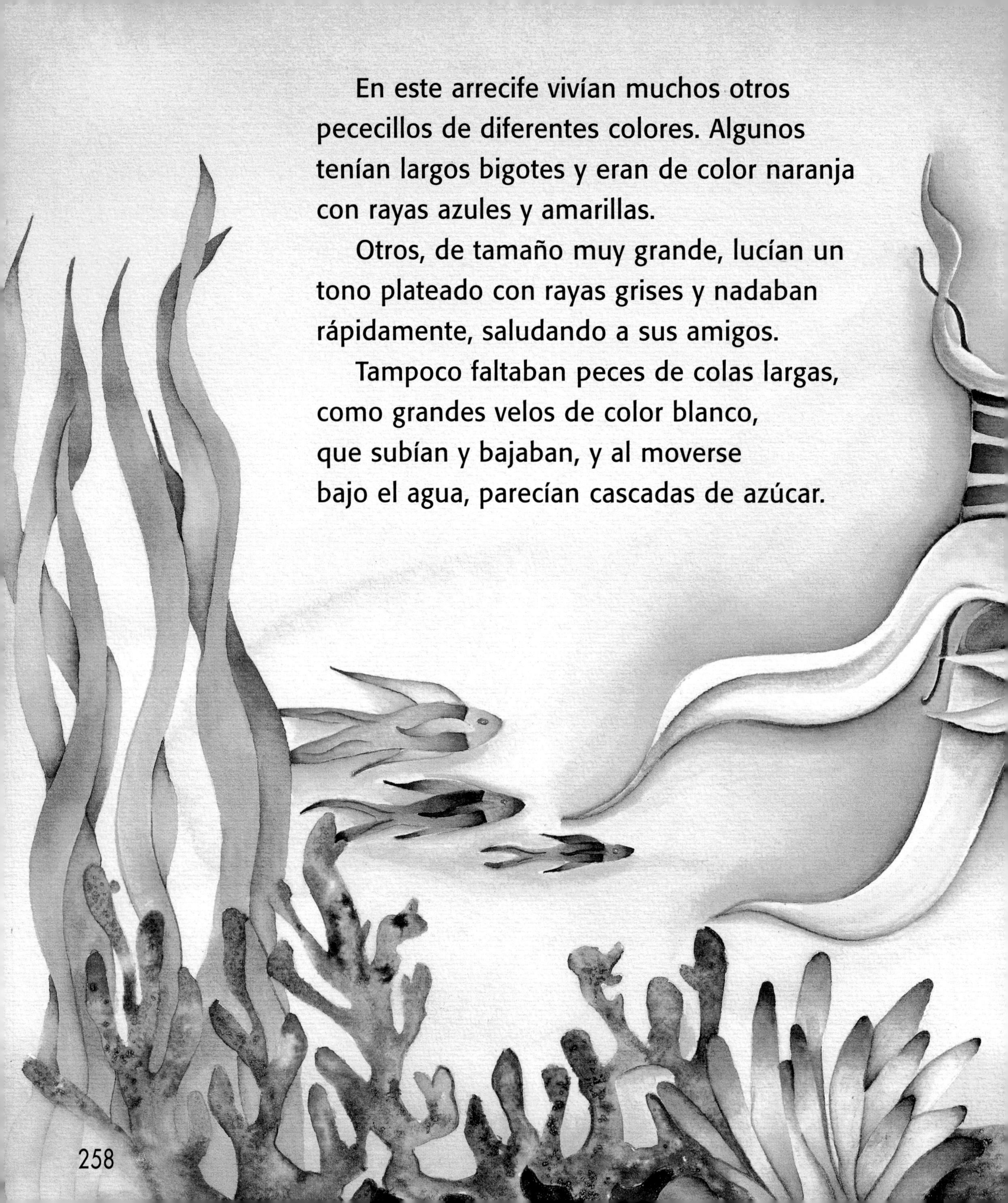

En este arrecife vivían muchos otros pececillos de diferentes colores. Algunos tenían largos bigotes y eran de color naranja con rayas azules y amarillas.

Otros, de tamaño muy grande, lucían un tono plateado con rayas grises y nadaban rápidamente, saludando a sus amigos.

Tampoco faltaban peces de colas largas, como grandes velos de color blanco, que subían y bajaban, y al moverse bajo el agua, parecían cascadas de azúcar.

Los pececitos más pequeños apenas asomaban entre los grandes corales de color púrpura, dando volteretas y brincando. A un lado, las patrullas de peces cirujanos, vestidos de azul, con su bisturí amarillo sobre el lomo, desfilaban listos para atender lo que se ofreciera.

En una ocasión, mamá lentejuela le pidió a su hija Turquesa que fuera al molino a llevar una bolsa de algas y plancton.

Turquesita salió encantada al mandado.

Al llegar, se dio cuenta de que una poderosa corriente había removido la gran roca que resguardaba el paso para el molino. Ahora el camino era difícil y peligroso.

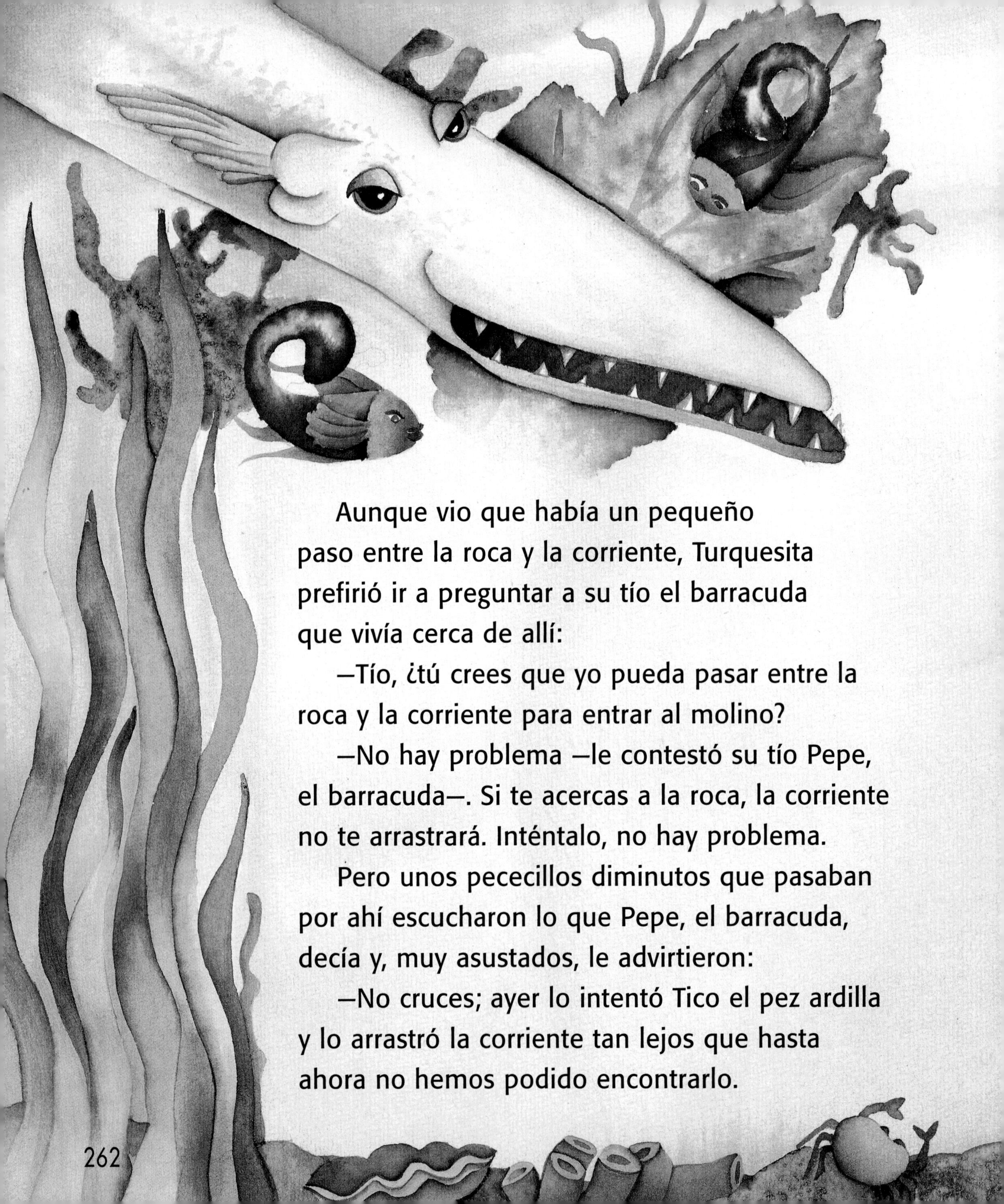

Aunque vio que había un pequeño paso entre la roca y la corriente, Turquesita prefirió ir a preguntar a su tío el barracuda que vivía cerca de allí:

—Tío, ¿tú crees que yo pueda pasar entre la roca y la corriente para entrar al molino?

—No hay problema —le contestó su tío Pepe, el barracuda—. Si te acercas a la roca, la corriente no te arrastrará. Inténtalo, no hay problema.

Pero unos pececillos diminutos que pasaban por ahí escucharon lo que Pepe, el barracuda, decía y, muy asustados, le advirtieron:

—No cruces; ayer lo intentó Tico el pez ardilla y lo arrastró la corriente tan lejos que hasta ahora no hemos podido encontrarlo.

Asustada, Turquesita decidió regresar a casa y platicarle a su mamá las dos opiniones. Por una parte, el tío barracuda decía que el agua no tenía tanta fuerza, pero los peces ardilla decían que a su compañero se lo había llevado la corriente.

—Mamá, no sé quién tiene razón —dijo Turquesita—. ¿A ti qué te parece?

—No sé, Turquesita —le contestó su mamá pensativa—. Tu tío es alto, grande y fuerte, por eso le parece que el paso es corto y suave la corriente. En cambio los peces ardilla son ligeros y pequeños. Claro que para ellos el paso es muy largo y la corriente muy peligrosa.

Turquesita comprendió y nadó suavemente hacia donde vivían el tío Pepe y los peces ardilla. Cada uno de ellos seguía manteniendo su punto de vista. En ese momento Turquesita se comparó con el tío y con uno de los peces ardilla y se dijo:

—Voy a hacer la prueba. Nadaré con cuidado, pues no soy tan grande ni tan pequeña.

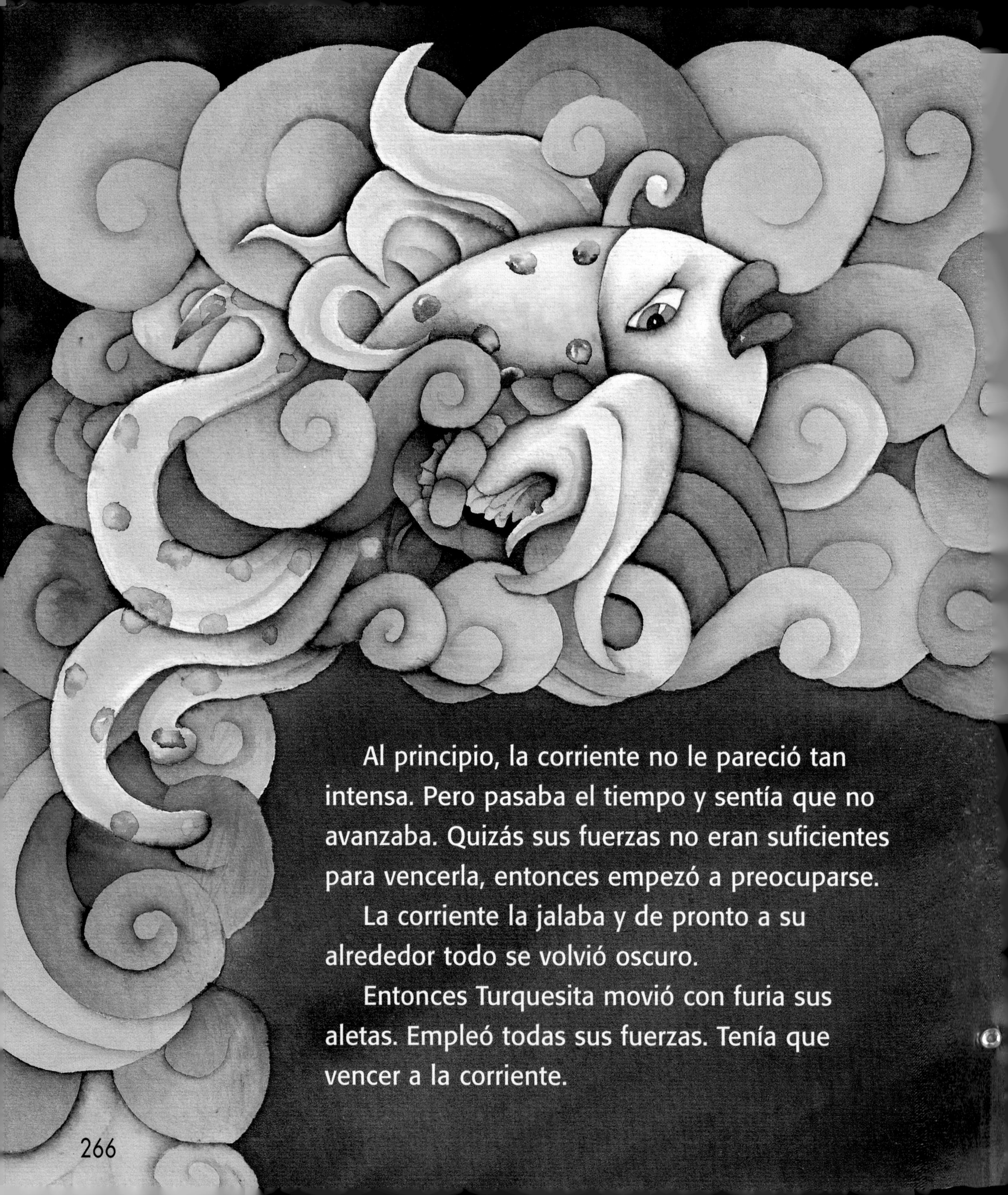

Al principio, la corriente no le pareció tan intensa. Pero pasaba el tiempo y sentía que no avanzaba. Quizás sus fuerzas no eran suficientes para vencerla, entonces empezó a preocuparse.

La corriente la jalaba y de pronto a su alrededor todo se volvió oscuro.

Entonces Turquesita movió con furia sus aletas. Empleó todas sus fuerzas. Tenía que vencer a la corriente.

Poco a poco fue dejando atrás la oscuridad.

Ya del otro lado, muy fatigada, pensó que, efectivamente, el agua era más profunda y la corriente más fuerte de lo que decía el tío Pepe, pero menos de lo que afirmaban los peces ardilla.

Así, Turquesita pudo moler las algas y el plancton en el molino.

Cuando llegó el momento de regresar, Turquesita se sintió más confiada en sus propias fuerzas. Ya no temía a la corriente.

Llegó a casa feliz de la vida.

Mamá lentejuela preparó la comida para toda la familia.

Desde entonces Turquesita está contenta consigo misma y cada vez que se enfrenta a una situación desconocida, sabe que podrá escuchar lo que otros le digan, pero que siempre decidirá por sí misma.

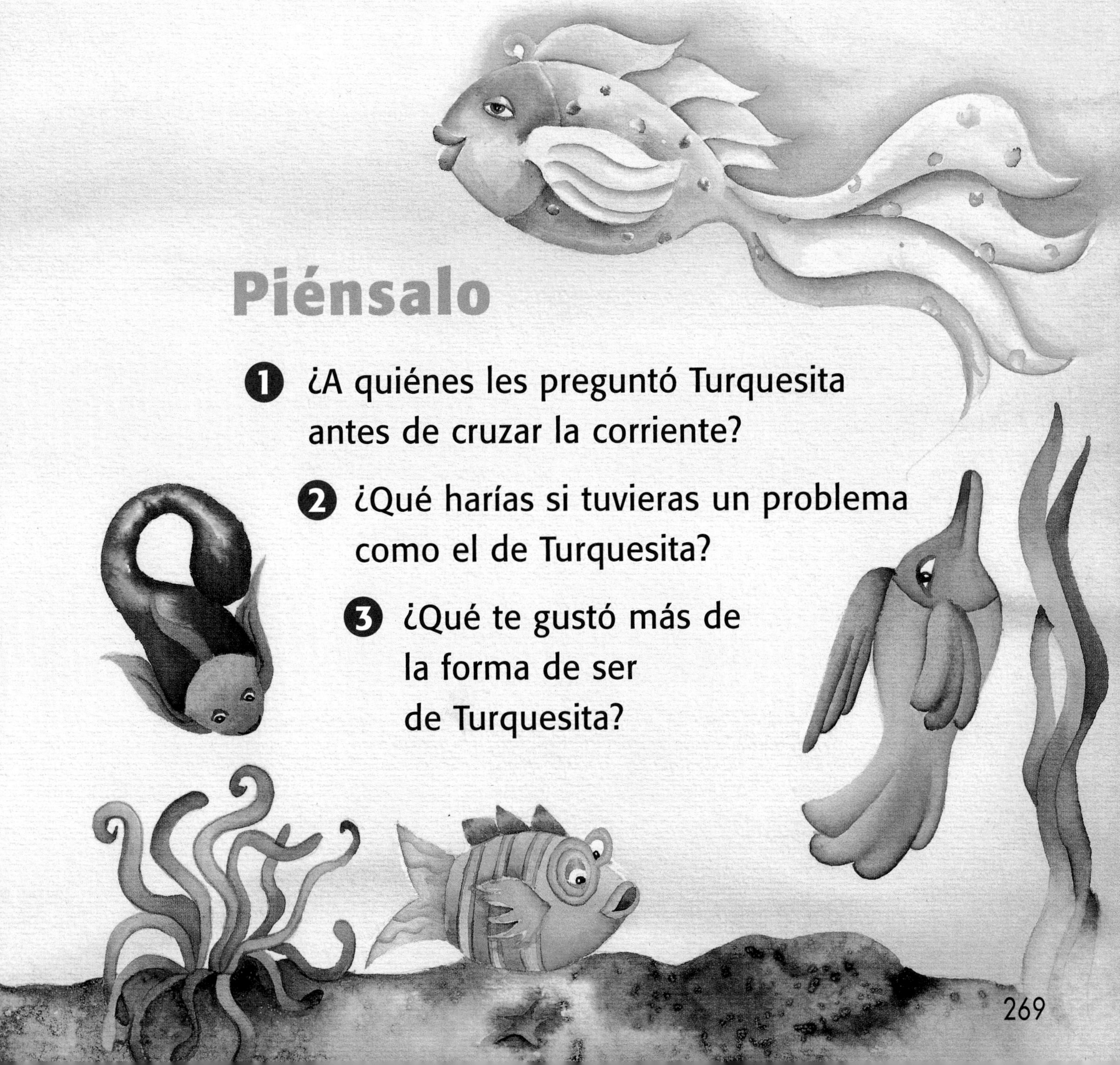

Piénsalo

1. ¿A quiénes les preguntó Turquesita antes de cruzar la corriente?
2. ¿Qué harías si tuvieras un problema como el de Turquesita?
3. ¿Qué te gustó más de la forma de ser de Turquesita?

Taller de

Quién lo dijo

RELACIONA COLUMNAS

Para tomar su propia decisión, Turquesita tuvo que comparar las opiniones del tío barracuda y de los peces ardilla. Ayuda a Turquesita a identificar qué dijo cada quién acerca de cruzar la corriente. Une con una línea la columna de la derecha con la de la izquierda. Fíjate en el ejemplo:

Tío barracuda	Voy a hacer la prueba.
Peces ardilla	Lleva una bolsa de algas al molino.
Turquesita	El agua no tiene tanta fuerza.
Mamá lentejuela	A nuestro compañero se lo llevó la corriente.

actividades

Aviso

HAZ UN CARTEL

Cuando Turquesita regresó a su casa estaba muy contenta de haber tomado su propia decisión. Supón que Turquesita quiere hacer un cartel con este consejo para todos los peces: "Antes de cruzar la corriente mide tus fuerzas." En una cartulina escribe el texto y ayuda a Turquesita a ilustrarlo.

PRUEBA TU DESTREZA

Hacer predicciones

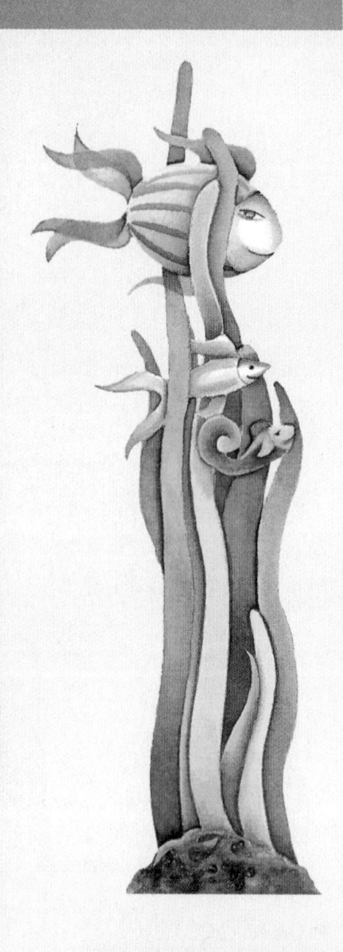

Predecir significa adivinar lo que puede suceder. Antes de leer un cuento, puedes predecir de qué trata. Lo primero que tienes que hacer es fijarte en el título y en las ilustraciones. Trata de encontrar pistas, por ejemplo, si el título es "Turquesita" y en la portada aparece un pez, entonces puedes suponer que la historia trata de un pez que se llama Turquesita.

También puedes hacer predicciones durante la lectura teniendo en cuenta las pistas que te va dando el autor o el ilustrador. Para ello puedes completar el siguiente cuadro **antes, durante** y **después** de la lectura del cuento.

¿Qué le sucederá a Turquesita?

Pista:	Yo sé que...	Predicción:
Hay una poderosa corriente.	Las corrientes marinas pueden ser peligrosas.	Turquesita está en peligro.
Los peces ardilla son diminutos.	En la ilustración Turquesita es más grande que los peces ardilla.	Turquesita es más fuerte que los peces ardilla.

Sigue escribiendo las pistas que encuentres hasta acabar el cuento. Indica lo que sabes al respecto o lo que harías en un momento parecido, y luego escribe tu predicción. Las predicciones pueden cambiar durante la lectura porque puede haber nuevas pistas. Como verás, entre más información tengas, más fácil será hacer una buena predicción.

¿QUÉ HAS APRENDIDO?

1. Lee otra vez la página 266 de "Turquesita". ¿Qué pistas tienes para predecir que "Turquesita" podrá regresar a salvo a su casa?

2. Vuelve a leer la página 262 de "Turquesita". ¿Qué tomarías en cuenta para resolver un problema como el de Turquesita?

INTÉNTALO • INTÉNTALO

Busca en la biblioteca de tu salón un libro que no hayas leído. Júntate con un compañero y lean el libro hasta la mitad; después revisen el título y las ilustraciones. Hagan una lista de las pistas que tienen hasta aquí y traten de predecir lo que sucederá en el resto de la historia. Después terminen de leer el cuento. Comenten las pistas que les sirvieron para hacer su predicción.

Cuando el viento se detiene

Lectura favorita notable ALA

Texto de Charlotte Zolotow

Ilustraciones de Stefano Vitale

El sol radiante había brillado todo el día y ahora el día estaba terminando. La luz del cielo cambió de azul a rosa y luego a un extraño púrpura oscuro. El sol se hundía cada vez más en las nubes resplandecientes.

El niño se lamentó al ver que el día terminaba.

Él y su amigo habían jugado en el jardín.

Cuando se cansaron de jugar, se acostaron sobre la hierba y sintieron el sol, cálido y suave, como un gato soñoliento que descansa.

En la tarde bebieron limonada fría bajo el peral.

Antes de que el niño se fuera a la cama, su padre le leyó un cuento en el pórtico.

Ahora llegaba su madre para darle las buenas noches.

—¿Por qué tiene que acabar el día? —le preguntó el niño.

—Para que la noche pueda comenzar —dijo ella—. Mira.

Señaló hacia afuera de la ventana donde, arriba en el cielo oscuro, detrás de las ramas del peral, el niño podía ver una franja de luna.

—Ésa es la noche que comienza —dijo su madre poniendo la mano en el hombro del niño—, la noche con luna, estrellas y oscuridad para que puedas soñar.

—¿Adónde va el sol cuando termina el día? —preguntó el niño.

—El día no termina —dijo su madre—, empieza en otro lado, donde brillará el sol cuando aquí empiece la noche. Nada termina.

—¿Nada? —preguntó el niño.

—Nada —respondió la madre—. Comienza en otro sitio o de una forma distinta.

El niño se acostó y su madre se sentó a su lado.

—¿Adónde va el viento cuando se detiene? —preguntó él.

—Sopla para balancear los árboles en otro lado.

—¿Adónde va el diente de león cuando sopla el viento?

—Lleva semillas nuevas al prado de otra persona.

—¿Adónde va la montaña después de la cima?
—Hacia abajo, donde se convierte en valle.

—¿Adónde van las olas después de romper en la playa?

—De vuelta al mar, en forma de olas nuevas.

—¿Adónde va la lluvia cuando acaba la tormenta?

—Hacia las nubes, para provocar nuevas tormentas.

—¿Y adónde van las nubes después de moverse por el cielo?

—A hacer sombra en otro lado.

—¿Y las hojas en el bosque cuando cambian de color y caen?

—Al suelo, para convertirse en parte de nuevos árboles y nuevas hojas.

—Pero cuando caen las hojas es el final de algo —dijo el niño—. Es el final del otoño.

—Sí —contestó la madre—. El final del otoño es cuando comienza el invierno.

—¿Y el final del invierno...? —preguntó el niño.

—El final del invierno, cuando la nieve se derrite y las aves regresan, es el inicio de la primavera —contestó la madre.

El niño sonrió.

—De hecho, cuando algo termina, comienza otra cosa. Nada termina —agregó el niño.

Miró el cielo. El sol ya se había ocultado completamente y las hermosas nubes rosadas habían desaparecido. El cielo estaba muy oscuro. Más arriba de la copa del peral, brillante ahora, se veía un filito de luna nueva.

—Este día terminó —dijo su madre—. Es hora de dormir y mañana, cuando te levantes, la luna estará lejos empezando la noche, y el sol estará aquí para comenzar un nuevo día.

Piénsalo

1. ¿De qué hablaron el niño y su madre?
2. Si tú fueras el niño, ¿qué otras cosas preguntarías?
3. ¿Cómo crees que se sintió el niño al final del cuento?

Conoce a la autora

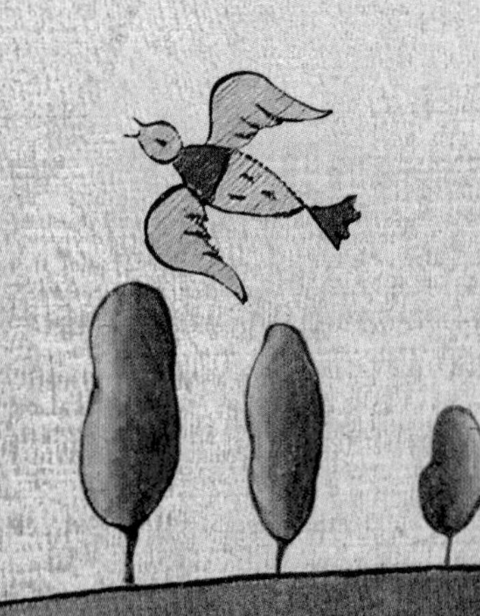

Charlotte Zolotow

P. ¿Qué recuerdos tiene de su infancia?

R. Nací cuando mi hermana cumplió seis años. Ella estaba feliz hasta que me vio. Entonces lloró y dijo que hubiera preferido una bicicleta como regalo.

P. ¿Le han ayudado sus hijos con ideas para sus libros?

R. Las ideas surgen de las historias que le cuento a mi hijo Stephen antes de dormir y de las cosas que hicimos juntos durante el día. Mi hija Ellen me hace recordar mi niñez.

Charlotte Zolotow

Visita *The Learning Site*
www.harcourtschool.com/reading/spanish

Conoce al ilustrador

Stefano Vitale

P. ¿Alguna vez se hizo las mismas preguntas que el protagonista del cuento?

R. Sí, pero siempre traté de hallar las respuestas por mi cuenta, sin preguntar a mi madre.

P. ¿Qué fue lo que más disfrutó al hacer las ilustraciones?

R. Lo que más me gustó fue echar a volar mi imaginación para crear las imágenes en mi mente antes de dibujarlas.

El viento

El viento sopla
de pronto
y aleja
las nubes grises.
El día
es tan hermoso
que los árboles
ríen.

Poema de James Stevenson
Ilustraciones de Doug Bowles

TALLER DE ACTIVIDADES

TAN LIGERO COMO EL VIENTO

Escribe un cuento

Escribe un cuento acerca de un objeto ligero que el viento pueda llevarse a un lugar muy pero muy lejano. Indica hacia dónde va el objeto, qué le puede ocurrir en el trayecto y a qué lugar llega finalmente. Ponle un título a tu historia. Lee el cuento a tus compañeros.

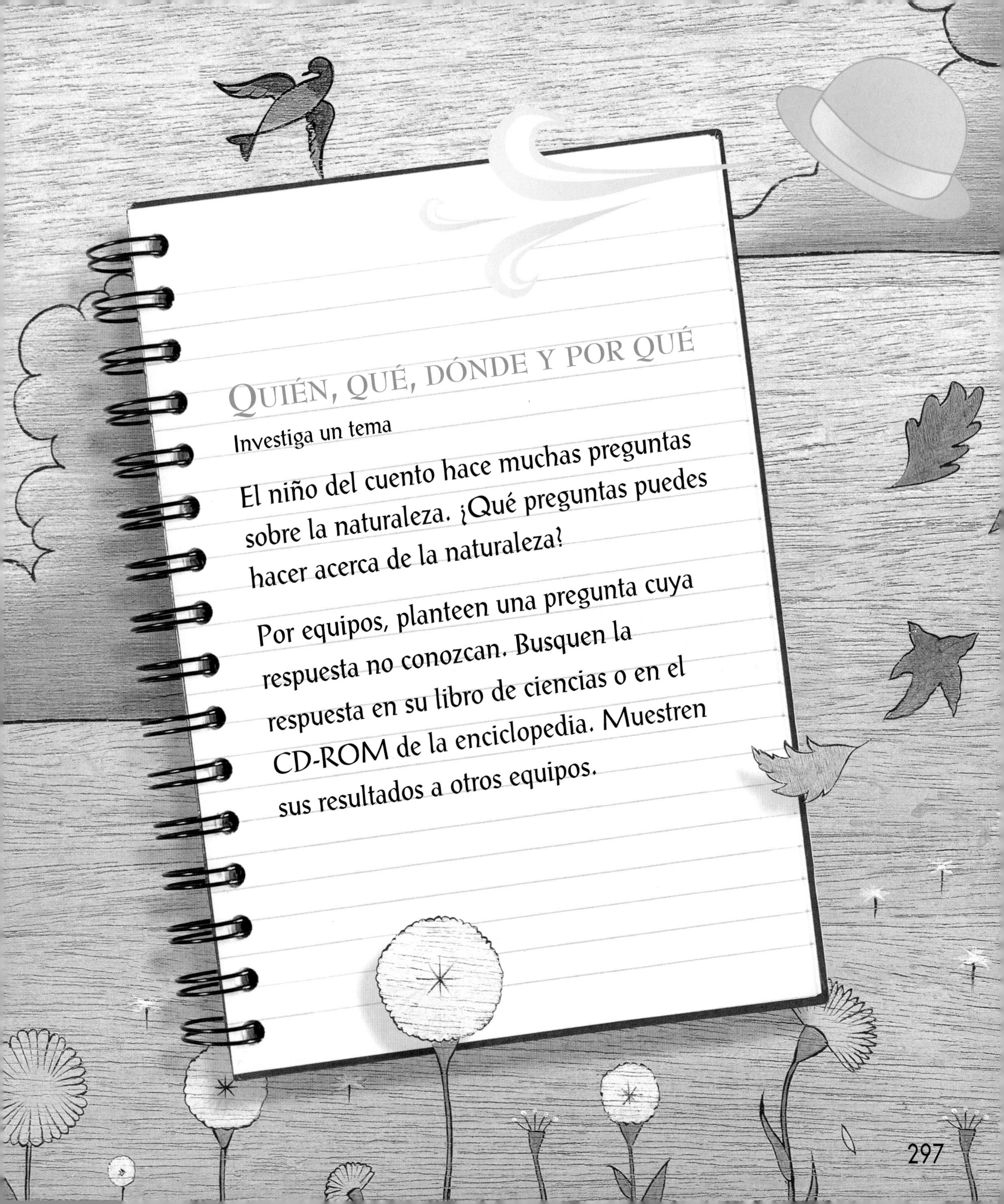

QUIÉN, QUÉ, DÓNDE Y POR QUÉ

Investiga un tema

El niño del cuento hace muchas preguntas sobre la naturaleza. ¿Qué preguntas puedes hacer acerca de la naturaleza?

Por equipos, planteen una pregunta cuya respuesta no conozcan. Busquen la respuesta en su libro de ciencias o en el CD-ROM de la enciclopedia. Muestren sus resultados a otros equipos.

La esfera que gira

Premio al mejor autor

Texto de Franklyn M. Branley

Ilustraciones de D. R. Greenlaw

Y gira

Vivimos en la Tierra.

La Tierra es nuestro planeta.

Es redonda como una gran pelota.
Y gira.

Es difícil imaginar que la Tierra gire todo el tiempo, pues no sentimos su movimiento. Lo que pasa es que gira suavemente y siempre a la misma velocidad.

Ésta es una fotografía de la Tierra, tomada desde la nave espacial Apolo 17. Aquí puedes ver que la Tierra es redonda.

Si estuvieras en el espacio contemplando la Tierra, podrías ver que gira y que da una vuelta completa en veinticuatro horas.

Mientras la Tierra gira, la luz del sol ilumina únicamente una mitad; en esa mitad es de día. En la otra mitad está oscuro; se hace de noche debido a la sombra de la Tierra.

A medida que la Tierra gira, pasamos de la luz a la oscuridad y luego de la oscuridad a la luz. Es decir, tenemos el día y la noche.

Imagínate que estás en una nave espacial volando justo arriba del polo norte y que puedes permanecer en el mismo lugar durante veinticuatro horas para mirar cómo la Tierra da una vuelta completa.

A medida que la Tierra va girando, observamos el amanecer, el día, el atardecer y la noche.

También puedes ver cómo pasamos de la luz del día a la oscuridad de la noche por medio de un experimento. Tú serás la Tierra y una lámpara será el sol.

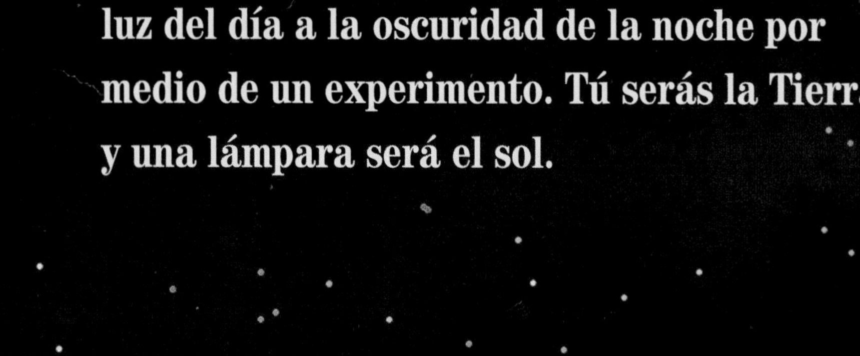

Ponte de pie y haz que la lámpara ilumine tu costado izquierdo. Luego extiende al máximo los brazos para que tu mano izquierda apunte hacia la lámpara. Éste es el amanecer.

Quédate en el mismo lugar y, con los brazos extendidos hacia los lados, gira hacia tu izquierda. Ahora la lámpara está frente a ti. Es la mitad del día o mediodía.

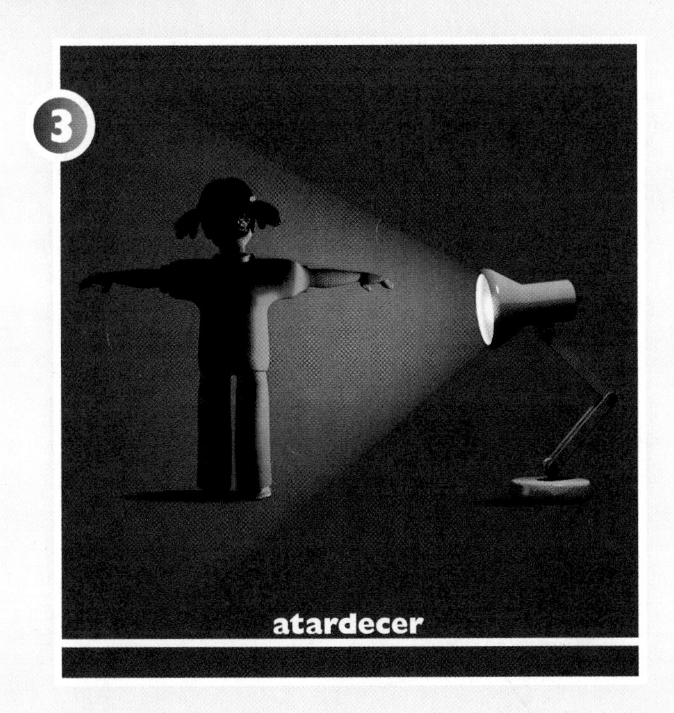

Vuelve a girar hasta que tu mano derecha apunte a la lámpara. Tu cara se ha alejado de la luz. Es el atardecer.

Gira hasta quedar de espaldas a la luz. En tu cara es el anochecer, pero en tu espalda es de día. Como verás, una mitad tuya siempre está iluminada y la otra en la oscuridad. Lo mismo ocurre con la Tierra.

La Tierra gira y gira todo el tiempo a unas 1000 millas por hora y nunca se detiene. Por esto pasamos del día a la noche y de la noche al día.

Tú puedes comprobarlo: si te levantas muy temprano, podrás ver el amanecer, pues la Tierra pasa de la noche al día.

Pero como continúa girando, conforme el día avanza pasamos de la luz a la oscuridad. Entonces ves el atardecer.

Veinticuatro horas después del amanecer, el sol volverá a salir. Y todo esto sucede porque la Tierra sigue girando.

Cuando la Tierra gira, parece que el sol cruza el cielo.

Si estuvieras en la luna, también habría día y noche. Pero como la luna gira más lentamente que la Tierra, sus días y sus noches son más largos. Por eso, en algunos lugares de la luna el día dura dos semanas y luego hay dos semanas de oscuridad.

La Tierra gira catorce veces en una noche lunar.

¡Sí, pero la
noche dura
dos semanas!

Por la rotación de la Tierra, en algunas épocas del año el día tiene doce horas de luz y doce horas de oscuridad, lo cual nos agrada a quienes habitamos la Tierra.

Piénsalo

1. ¿Por qué existen el día y la noche?
2. ¿Qué es lo que más te gusta del día? ¿Y de la noche?
3. ¿Por qué crees que Franklyn Branley escribió un cuento como éste?

Conoce al autor

Franklyn M. Branley

La esfera que gira y gira es uno de los 130 libros infantiles de ciencias que Franklyn Branley ha escrito. El señor Branley sabe bien por qué existen el día y la noche, ya que además de escritor, también es astrónomo. De hecho le encanta observar las estrellas en la tranquilidad de su hogar, junto al mar.

Conoce al ilustrador

D. R. Greenlaw

D. R. Greenlaw inició su carrera desde muy joven como ilustrador de tiras cómicas y series de dibujos animados. Apenas terminó la escuela secundaria, D. R. Greenlaw empezó a trabajar como ilustrador del programa espacial del gobierno. En la actualidad es ilustrador de libros infantiles y películas de dibujos animados.

Visita *The Learning Site*
www.harcourtschool.com/reading/spanish

TALLER DE

Día blanco y noche negra Haz una lista

Piensa en las cosas que sólo se ven de día y en las que sólo se ven de noche. Haz una lista de estos objetos.

1. Une con pegamento un pliego de cartulina blanca y otro de cartulina negra.
2. Usa un creyón blanco para escribir en la cartulina negra la lista de las cosas que sólo se ven de noche.
3. Usa un creyón negro para escribir en la cartulina blanca la lista de las cosas que sólo se ven de día.

Consulta tu libro de ciencias para completar tu lista.

ACTIVIDADES

¡Inténtalo tú mismo! Haz un experimento

Trabaja con un compañero para hacer un experimento acerca del día y la noche.

1. Consigan una lámpara y un globo terráqueo.
2. Peguen un papelito en el globo, justo en el lugar donde viven.
3. Colóquenlo en un rincón oscuro del salón.
4. Uno de ustedes iluminará el globo con la lámpara. El otro lo hará girar lentamente.

¿Cuándo está oscuro el lugar donde viven? ¿Cuándo está iluminado? Dibuja lo que viste y explícalo por escrito.

PRUEBA TU DESTREZA

Detalles importantes

En las historias como la de “La esfera que gira y gira” aparecen muchos detalles. Los **detalles** ofrecen información específica que responde a las siguientes preguntas: quién, qué, dónde, cuándo, cómo y por qué.

Este diagrama muestra algunos detalles acerca de “La esfera que gira y gira”.

Lee la frase que se localiza en el centro del diagrama, “La rotación de la Tierra”. Este enunciado es un detalle importante para comprender la lectura de “La esfera que gira y gira”.

Ahora lee los siguientes enunciados del diagrama. Estos detalles proporcionan más información sobre la rotación de la Tierra, pues indican:

CUÁNDO gira (siempre)

CÓMO gira (con suavidad)

POR QUÉ existen el día y la noche (porque la Tierra gira de la luz a la oscuridad).

Estos detalles hacen más interesante la historia.

Algunos detalles de la historia presentan datos importantes, mientras que otros hacen más interesantes las acciones. Cuando leas un cuento, busca los detalles que te ayuden a comprender las acciones y a disfrutar la lectura.

¿QUÉ HAS APRENDIDO?

Vuelve a leer las páginas 301 y 306 de "La esfera que gira y gira".

1. **¿Cuál es el detalle más importante en estas páginas?**
2. **¿Qué detalles las hacen más interesantes?**

Visita *The Learning Site*
www.harcourtschool.com/reading/spanish

INTÉNTALO • INTÉNTALO

Relee alguna historia. Busca los detalles importantes e interesantes y anótalos en un diagrama. Habla con un compañero sobre los datos más importantes de la historia y los que la hacen más interesante.

Conclusión del tema

Datos de la naturaleza

HAZ UNA TARJETA

De los cuentos de este tema, escoge un fenómeno natural sobre el que hayas aprendido algo. En una tarjeta haz un dibujo del fenómeno y debajo del dibujo pon un enunciado que lo describa. Intercambia tu tarjeta con un compañero. Explica por qué elegiste ese fenómeno.

¿Captaste la idea?

COMPRENDE EL MENSAJE DEL AUTOR Con frecuencia, los autores desean que sus historias les sirvan a los lectores para aprender algo. Los autores de los cuentos de este tema quieren que aprendas más sobre el mundo en que vives. Elige un cuento y explica en una nota lo que el autor desea expresar en ese cuento. Muestra el trabajo a tus compañeros.

¡No lo sabía!

COMENTA UN CUENTO
Reúnete con algunos de tus compañeros para hablar sobre los cuentos de este tema. Cada quien debe responder la siguiente pregunta: ¿Qué tienen en común los cuentos, el taller de actividades y la lectura complementaria? ¿Qué diferencias tienen?

Uso del glosario

¡Conócelo!

El **Glosario** presenta el significado de algunas palabras, tal como se usan en los cuentos. El glosario también contiene enunciados que ejemplifican el uso de tales palabras. El ejemplo puede mostrar un **sinónimo** (una palabra que tiene el mismo significado) o una **palabra base** (la palabra de la cual se derivan otras). El contenido de un **glosario** siempre se presenta en **orden alfabético**.

¡Aprende a usarlo!

Si deseas encontrar la palabra *batir* en el **Glosario**, primero busca la letra ***B***, porque ésa es la letra con que inicia esta palabra. Como la ***b*** está al principio del abecedario, las palabras que inician con ***B*** deben estar casi al principio del **Glosario**. Si observas las palabras guía al inicio de las páginas, te será más fácil localizar la palabra que buscas.

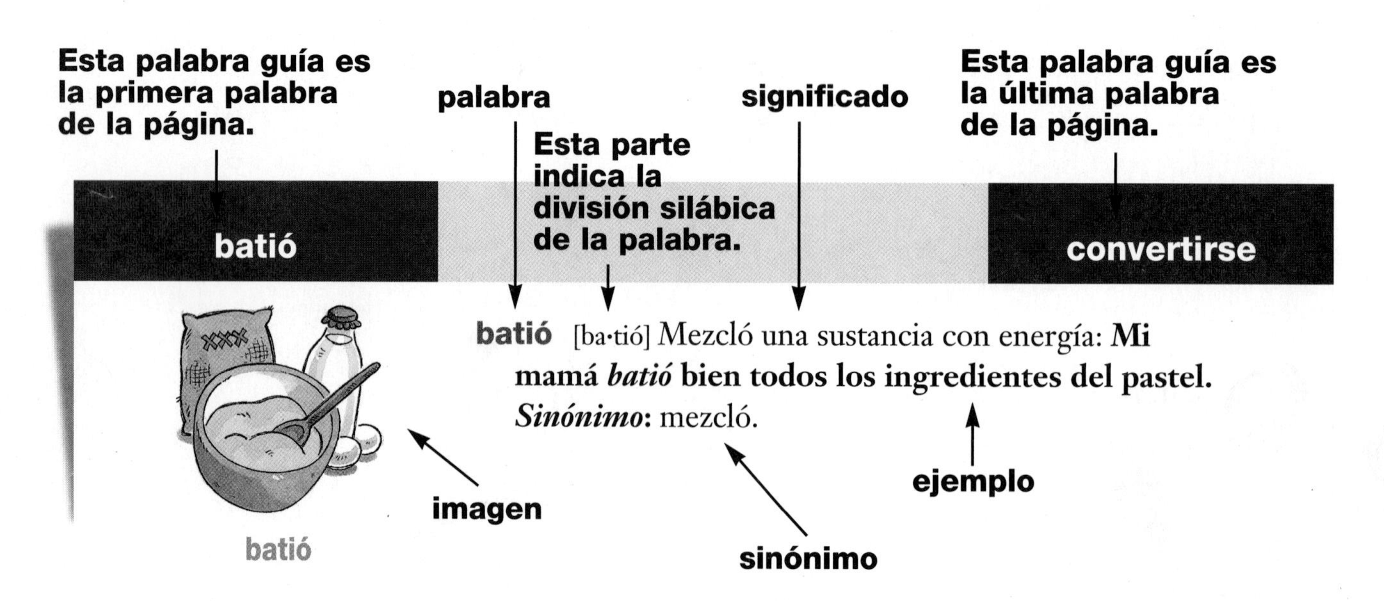

acabar [a•ca•bar] Dar fin a algo: **Queremos *acabar* el juego antes de que te vayas.** *Sin.* terminar. Acabo, acabado, acabando.

acercas [a•cer•cas] Pones a menor distancia: **Si *acercas* la mesa, podrás trabajar en ella.** *Sin.* aproximar, juntar; *Ant.* alejar, apartar.

amanecer [a•ma•ne•cer] Momento del día en que sale el sol: **Casi siempre me despierto al *amanecer*.** Amanece, amanecido, amaneciendo.

amanecer

amigo [a•mi•go] Que tiene una relación de amistad con otra persona: **Soy *amigo* de Andrés.** *Ant.* enemigo.

animarlo [a•ni•mar•lo] Alentar o impulsar a alguien: **Sus padres fueron a *animarlo* durante el partido de basquetbol.** Animar, animado, animando.

anochecer [a•no•che•cer] Momento en que se hace de noche: **Las gallinas se duermen al *anochecer*.** Anochece, anocheciendo.

aparato [a•pa•ra•to] Objeto que se usa para hacer algo: **Compré un *aparato* para rebanar fruta.**

aprenderás [a•pren•de•rás] Conocerás por medio del estudio o la experiencia: **En la escuela *aprenderás* a leer.** *Sin.* enseñar. Aprender, aprendido, aprendiendo.

arrecife [a•rre•ci•fe] Conjunto de rocas, corales y arena que están en el fondo del mar: **El buzo buscó peces de colores en el *arrecife* de coral.**

atrapar [a•tra•par] Conseguir o agarrar algo: **¿Puedes *atrapar* un balón en el aire?** Atrapo, atrapado, atrapando.

batió [ba•tió] Mezcló una sustancia con energía: **Mi mamá *batió* bien todos los ingredientes del pastel.** Batir, batido, batiendo.

burlas [bur•las] Lo que alguien hace o dice cuando quiere reírse de algo: **El payaso hizo reír a los niños con sus *burlas*.** *Sin*. bromas.

batió

camaleón [ca•ma•le•ón] Animal con una piel que cambia de color dependiendo del lugar en el que está: **El *camaleón* se pone verde en el pasto.**

campanario [cam•pa•na•rio] Torre en la que se colocan campanas: **Desde aquí se ve el *campanario* del pueblo.**

comenzar [co•men•zar] Dar principio: **¡Hay que *comenzar* la competencia, para ver quién gana!** Comienzas, comenzado, comenzando.

comparó [com•pa•ró] Observó los objetos para ver sus semejanzas y diferencias: **Sara *comparó* todas las bicicletas para elegir la más bonita.** Comparar, comparado, comparando.

convencerlos [con•ven•cer•los] Lograr que esas personas cambien su opinión o su comportamiento: **Hay que *convencerlos* para que nos acompañen.** Convencer, convencido, convenciendo.

convertirse [con•ver•tir•se] Hacer que algo o alguien se transforme en algo diferente de lo que era: **¿Crees que el mago pueda *convertirse* en tigre?** Convertir, convertido, convirtiendo.

convidó [con•vi•dó] Invitó a una persona a comer sin que tuviera que pagar: **Carlos nos *convidó* la cena del viernes.** Convidar, convidado, convidando.

cooperar [co•o•pe•rar] Trabajar con otras personas en algo: **Voy a *cooperar* con ustedes en ese trabajo.**

corriente [co•rrien•te] Movimiento del agua en una dirección determinada: **La *corriente* arrastró la balsa.**

crece [cre•ce] Hacerse más grande: **El árbol *crece* día a día.** Crecer, crecido, creciendo. Sin. colaborar. Coopero, cooperado, cooperando

desastre [de•sas•tre] Lo que sale mal: **La reunión fue un *desastre* porque nadie se puso de acuerdo.**

deseo [de•se•o] Algo que se quiere conseguir o tener: **Pide un *deseo*, quizá se cumpla.**

despertar [des•per•tar] Momento en que se deja de dormir: **Los domingos nos gustaba *despertar* más tarde.** Despierto, despertado, despertando.

dormir [dor•mir] Cerrar los ojos y descansar, sin darnos cuenta de lo que pasa alrededor: **Anoche pude *dormir* bien.** Duermo, dormido, durmiendo.

enojona [e•no•jo•na] Que pierde el buen humor con facilidad: **Ella es muy *enojona*.** *Sin*. malhumorada.

equipos [e•qui•pos] Grupos de personas organizadas para realizar una actividad: **¿Cuáles son tus *equipos* favoritos?**

equivocamos [e•qui•vo•ca•mos] Cometimos un error: **Nos *equivocamos* al marcar las respuestas.** *Ant.* acertar. Equivocar, equivocado, equivocando.

escarbo [es•car•bo] Muevo la tierra para hacer un agujero: ***Escarbo* la tierra para plantar esta semilla.** Escarbar, escarbado, escabando.

esconder [es•con•der] Guardar algo de forma que no se vea: **Hay que *esconder* el regalo de Miguel.** Escondo, escondido, escondiendo.

feliz

feliz [fe•liz] Que está contento y alegre: **Beatriz parece una persona *feliz*.** *Sin.* dichoso; *ant.* infeliz.

gigante [gi•gan•te] Más grande de lo normal: **Me comí un helado *gigante*.**

grumosa [gru•mo•sa] Que tiene grumos; masa líquida con partes duras: **Bate bien la masa para que no quede *grumosa*.**

hornear [hor•ne•ar] Meter algún alimento en el horno para que se cueza: **Vamos a *hornear* el pavo.** Horneo, horneado, horneando.

intercambiar [in•ter•cam•biar] Poner una cosa en lugar de otra: **Luis quiere *intercambiar* su lugar con el de Amalia.** Intercambio, intercambiado, intercambiando.

invierno [in•vier•no] Estación fría del año entre el otoño y la primavera: **El *invierno* termina en marzo.**

jalaba [ja•la•ba] Hacía fuerza para atraer algo: **Pedro *jalaba* la cuerda de la campana todas las mañanas.** Jalar, jalado, jalando.

masa [ma•sa] Mezcla espesa y blanda, formada por la unión de un líquido y un polvo: **La *masa* de los pasteles lleva leche y harina.**

mazorca [ma•zor•ca] Fruto del maíz en forma de cono alargado, cubierto de granos: **Las hojas de la *mazorca* sirven para hacer tamales.**

mezcolanza [mez•co•lan•za] Mezcla confusa: **Su dibujo era una *mezcolanza* de colores.**

molino [mo•li•no] Máquina que se usa para moler: **Los campesinos llevan sus granos al *molino*.**

monstruoso [mons•truo•so] Que causa asombro: **El salto que dio la niña fue *monstruoso*.**

necesitará [ne•ce•si•ta•rá] Le hará falta: **Tu mascota siempre te *necesitará*.** Necesitar, necesitado, necesitando.

nieta [nie•ta] La hija de uno de los hijos: **Soy la *nieta* preferida de mis abuelos.**

noche [no•che] Periodo de tiempo desde que el sol se oculta hasta que vuelve a salir: **Las estrellas se ven de *noche*.** *Ant.* día.

opiniones [o•pi•nio•nes] Ideas que alguien se forma de algo o de alguien: **En la clase todos expresaron sus *opiniones*.**

opiniones

parientes [pa•rien•tes] Personas que son de la misma familia: **Mis tíos son mis *parientes*.**

peral [pe•ral] Árbol que da peras: **Mis hermanos sembraron un *peral* en el jardín.**

piñatas [pi•ña•tas] Ollas de barro llenas de fruta que se adornan con papel de colores y se cuelgan para que alguien la rompa y caiga lo que tiene adentro: **Nos taparon los ojos para que rompiéramos las *piñatas*.**

plan [plan] Conjunto de ideas ordenas para hacer algo: **Tere y yo hicimos un *plan* para ir de compras.**

planeta [pla•ne•ta] Cuerpo sólido que está en el cielo y que gira alrededor de una estrella: **Mercurio es el *planeta* que está más cerca del sol.**

plantó [plan•tó] Metió una planta o una semilla en la tierra para que echara raíces: **La vecina *plantó* violetas en una maceta.** Plantar, plantado, plantando.

provocar [pro•vo•car] Hacer que algo ocurra: **La contaminación puede *provocar* que desaparezca la selva.** *Sin.* originar. Provoco, provocado, provocando.

prueba [prue•ba] Lo que sirve para demostrar que se sabe hacer algo: **Tienes que pasar la *prueba* para entrar al equipo de atletismo.**

prueba

querer [que•rer] Tener deseo de algo: **¿Vas a *querer* un helado?** Quiero, querido, queriendo.

R

razón [ra•zón] Motivo para actuar de una forma determinada: **Dime una *razón* para que yo te dé un premio.**

recordó [re•cor•dó] Trajo algo a la mente que ya tenía en la memoria: **Su padre *recordó* el nombre de su amigo del colegio.** Recordar, recordado, recordando.

regalo [re•ga•lo] Lo que se da a alguien sin recibir nada a cambio: **Mis abuelos me trajeron un *regalo* el día de mi cumpleaños.**

renegando [re•ne•gan•do] Protestando, refunfuñando: **Me disgusta la gente que se la pasa *renegando* por todo.** Reniego, renegar, renegado.

rotación [ro•ta•ción] Movimiento de un cuerpo alrededor de su centro: **Cada vuelta de *rotación* de la Tierra dura un día.** *Sin.* vuelta, giro.

rugido [ru•gi•do] Sonido característico que hacen los leones y otros animales salvajes: **El *rugido* del leopardo me da miedo.**

sabio [sa•bio] Persona que comprende lo que sucede, que tiene buen juicio y prudencia: **Conocí a un pescador muy *sabio*.**

selva [sel•va] Terreno muy grande y húmedo en el que crecen muchas plantas y muchos árboles: **Los monos son animales que viven en la *selva*.**

selva

sentí [sen•tí] Tenía cierto estado de ánimo: **Cuando fui al parque me *sentí* feliz.** Sentir, sentido.

Tierra [tie•rra] Planeta en el que vivimos: **La *Tierra* es el tercer planeta más cercano al sol.**

todos [to•dos] Todas las personas mencionadas: **Vinieron *todos* mis amigos a la casa.**

trabajo [tra•ba•jo] Actividad que se realiza con esfuerzo: **Me costó mucho *trabajo* ordenar las herramientas del taller.**

trabajo

trepaba [tre•pa•ba] Subía a un lugar alto ayudándose de pies y manos: **El mono *trepaba* por las ramas del árbol.** Trepar, trepado, trepando.

triste [tris•te] Que siente pena o dolor por algo: **No quisiera que estuvieras *triste*.** *Ant.* feliz.

verano

verano [ve•ra•no] Estación calurosa del año entre la primavera y el otoño: **El verano dura noventa y tres días.**

volverse [vol•ver•se] Convertirse o transformarse en otra cosa o persona: **Algunos gusanos pueden *volverse* mariposas.** Vuelto, volviéndose.

vuelo [vue•lo] Desplazamiento por el aire: **Me gusta ver el *vuelo* de los aviones.**

Índice *de* autores

Los números en color indican la página que contiene más información sobre el autor.

Printed in the United States of America

Acknowledgments

For permission to translate/reprint copyrighted material, grateful acknowledgment is made to the following sources:

Altea, Taurus, Alfaguara, S.A. de C.V.: Cover illustration by Nicoletta Costa from *Margarita tenía un gato* by Nicoletta Costa and Oddo Bracci. Illustration copyright © 1983 by Altea, Taurus, Alfaguara, S.A.

Bayard Presse Canada Inc., Toronto, Canada: From "Fun Animal Facts," illustrated by Steve Attoe, in *Chickadee* Magazine, April 1997. © 1997.

Eric Carle: The Mixed-Up Chameleon by Eric Carle. Copyright © 1975, 1984 in countries signatory to International Copyright Union.

C.E.L.T.A. *Amaquemecan: Turquesita* by Silvia Dubovoy. Text © 1991 by C.E.L.T.A. Amaquemecan; text © 1991 by Silvia Dubovoy.

Clarion Books/Houghton Mifflin Company: From *Helping Out* by George Ancona. Copyright © 1985 by George Ancona.

Ediciones Corunda, S.A. de C.V.: La cama de los sueños by Beatriz Campos. Text © 1992 by Ediciones Corunda, S.A. de C.V. *El gato palomero* by David Jorajuria. Text © 1998 by Ediciones Corunda, S.A. de C.V. *El día que fue de noche* by Eva Salgado. Text © 1991 by Ediciones Corunda, S.A. de C.V.

Ediciones Destino, S.A.: Cover illustration from *Los zapatos de Munia* by Asun Balzola. © by Asun Balzola; © by Ediciones Destino, S.A.

Ediciones SM: Cover illustration from *El muro* by Ángel Esteban. © 1989 by Ángel Esteban; © by Ediciones SM.

Editorial Juventud, Barcelona, Spain: Yaci y su muñeca, adapted by C. Zendrera. Text copyright © by Editorial Juventud.

Editorial Lumen, S.A.: Cover illustration from *Frederick* by Leo Lionni. Copyright © 1963 by Leo Lionni.

Fondo de Cultura Económica, Mexico: Cover illustration by Marisol Fernández from *Manuela color canela* by Elena Dreser. Copyright © 1994 by Fonda de Cultura Económica.

Greenwillow Books, a division of William Morrow & Company, Inc.: "Wind" and cover illustration from *Popcorn* by James Stevenson. Text and cover illustration copyright © 1998 by James Stevenson.

HarperCollins Publishers: What Makes Day and Night by Franklyn Branley, cover illustration by Arthur Dorros. Text copyright © 1961, 1986 by Franklyn M. Branley; cover illustration copyright © 1986 by Arthur Dorros. From *Days with Frog and Toad* by Arnold Lobel. Copyright © 1979 by Arnold Lobel. Cover illustration by Marc Simont from *Un árbol es hermoso* by Janice May Udry. Illustration copyright © 1956 by Marc Simont; illustration copyright renewed 1984 by Marc Simont. *When the Wind Stops* by Charlotte Zolotow, illustrated by Stefano Vitale. Text copyright © 1962, 1995 by Charlotte Zolotow; illustrations copyright © 1995 by Stefano Vitale.

Lee & Low Books, Inc., 95 Madison Avenue, New York, NY 10016: ¡Que sorpresa de cumpleaños! by Loretta López. Text copyright © 1997 by Loretta López. Cover illustration by Enrique O. Sánchez from *El camino de Amelia* by Linda Jacobs Altman. Illustration copyright © 1993 by Enrique O. Sánchez.

Little, Brown and Company: "Sometimes" from *Fathers, Mothers, Sisters, Brothers* by Mary Ann Hoberman, cover illustration by Marylin Hafner. Text copyright © 1991 by Mary Ann Hoberman; cover illustration copyright © 1991 by Marylin Hafner.

Lucas Evans Books: Hedgehog Bakes a Cake by Maryann Macdonald, illustrated by Lynn Munsinger. Text copyright © 1990 by Maryann Macdonald; illustrations copyright © 1990 by Lynn Munsinger. Copyright © 1990 by Byron Preiss Visual Publications, Inc.

North-South Books: Cover illustration from *El pez arco iris* by Marcus Pfister. Copyright © 1992 by Nord-Süd Verlag AG.

G. P. Putnam's Sons, a division of Penguin Putnam Inc.: Cover illustration by Ed Martinez from *¡Qué montón de tamales!* by Gary Soto. Illustration copyright © 1993 by Ed Martinez.

Random House UK: From *All Join In* by Quentin Blake. Copyright © 1990 by Quentin Blake.

Simon & Schuster Books for Young Readers, Simon & Schuster Children's Publishing Division: Illustrations by Diane Greenseid from *Wilson Sat Alone* by Debra Hess. Illustrations copyright © 1994 by Diane Greenseid.

Writers House LLC, as agent for Debra Hess: Wilson Sat Alone by Debra Hess. Text copyright © 1994 by Debra Hess.

Photo Credits

Key: (t)=top, (b)=bottom, (c)=center, (l)=left, (r)=right

Carlo Ontal, 44; Ian Anderson, 65; courtesy, Erid Carle, 125; Stephen Dalton/NHPA, 126-127; Carolyn A. McKeone/Photo Researchers, 151(l); Chris Jones/The Stock Market, 151(c); Superstock, 151(r); George Ancona, 154-167, 170-171; Carlo Ontal, 194; Dominic Oldershaw, 271(l); courtesy, Gail Gibbons, 291; courtesy, Kathi Appelt, 317(l); courtesy, Franklyn Branley, 357(t); G. Ryan & S. Beyer/Tony Stone Images, 364; Bruce Barthei/The Stock Market, 365; Tom McHugh/Photo Researchers, 366(t); G. Ryan & S. Beyer/Tony Stone Images, 366(b); Paul Chauncey/The Stock Market, 367(t); Indiana Historical Society Library, 367(b); Myrleen Cate/Tony Stone Images, 368; Oddo Sinibaldi/The Stock Market, 369(b); Dick Thomas/Visual Unlimited, 370(t); Peter Cade/Tony Stone Images, 372(b); John Paul Endress/The Stock Market, 373(t); Terry Donnelly/Tom Stack & Associates, 374(t).

All other photos by Harcourt Brace:

Kevin Delanhunty/Black Star, Chuck Kneyse/Black Star, Rick Friedman/BLack Star, Lisa Quiñones/Black Star, Todd Bigelow/Black Star, Walt Chrynwski/Black Star, David Levensen/Black Star, Larry Evans/Black Star, Janice Rubin/Black Star, Rick Falco/Black Star, Kevin Miller/Black Star, Ken Kenzie, Maria Paraskevas, Dale Higgins.

Illustration Credits

Steve Johnson/Lou Fancher, Cover Art; Tom Casmer, 2-3, 10-11, 12-13, 130-131; Jennie Oppenheimer, 4-5, 132-133, 134-135, 246-247; Donna Perrone, 6-7, 248-249, 250-251, 362-363; Lisa Campbell Ernst, 14-29, 32-33; Holly Cooper, 30-31, 365, 371, 372;Suçie Stevenson, 34-45, 46-47; Katy Farmer, 48-49; Arnold Lobel, 50-65, 68-69; Steve Johnson, 66-67; Diane Greenseid, 70-89, 90-91; Tuko Fujisaki, 92-93, 320-321; Eric Carle, 94-125, 128-129; Scott Goto, 136-149, 150-151; Billy Davis, 152-153; George Ancona, 154-167, 170-171; Quentin Blake, 168-169; Arthur Howard, 172-195, 196-197; Lynn Munsiger, 198-217, 218-219; David Herrick, 220-221; Tricia Tusa, 222-241, 244-245; Jennifer Beck-Harris, 242-243; Victoria Raymond, 252-271, 272-273; Gail Gibbons, 274-291, 292-293, 294-295; Dale Gottlieb, 296-317, 318-319; Stafano Vitale, 322-341, 344-345; Doug Bowles, 342-343; D. R. Greenlaw, 346-357, 358-359; Dave Herrick, 360-361